Tripalium
Desmontando
el mito del esfuerzo

TRIPALIUM

Desmontando el mito del esfuerzo

Pablo López Cobo

© Pablo López Cobo

Primera edición
Abril de 2015
Segunda edición revisada
Abril de 2017

librotripalium.wix.com/tripalium

Depósito legal
GR 629-2017

ISBN
978-84-697-2947-2

Diseño 2º Edición
Carlos Álvarez Díez
karlosalvarez@hotmail.es

Ilustración de cubierta
Pablo López Cobo

Contacto
617-757-255
p.lopezcobo@gmail.com

Impreso en España

Índice

Introducción 9
I. El esfuerzo y la motivación.................. 13
II. La educación y el miedo 29
III. Identificar nuestras motivaciones 53
IV. La naturaleza de las motivaciones 73
V. ¿Quién va a fregar los platos?............... 83
VI. No todo esfuerzo es negativo 93
VII. El engaño de la tierra prometida 105
VIII. El éxito y el fracaso........................... 119
IX. Neurosis, libertad y esfuerzo soberano............ 131
X. La revolución...................................... 143

INTRODUCCIÓN

El contenido de este libro es fruto de mis reflexiones y divagaciones. Para mí mismo ha sido una gran revelación lo que en él he descubierto y aprendido. El esfuerzo, ¿qué es eso? Yo antes no era consciente del papel que éste ocupaba en mi vida. En algún momento empecé a preguntarme acerca de esta idea. Antes de escribir este libro la palabra "esfuerzo" provocaba en mí una sensación desagradable. Era sinónimo de "malestar". La idea de que debía sufrir para llegar a ser alguien en la vida era algo que llevaba dentro y que me acompañaba desde siempre. Cuando empecé a reflexionar me di cuenta de que ese deber de esforzarme ocupaba prácticamente todos los ámbitos de mi vida, en mayor o menor medida: desde mis estudios hasta mi concepción del trabajo, pasando por mis relaciones afectivas. Frases como "venga esfuérzate", "si no cumples tu deber eres un vago", resonaban en mi cabeza y me angustiaban a menudo. Eran frases que me dolían, me hacían sentir mal y no me permitían desarrollarme de una forma sana.

Surgió en mí la intuición de que algo fallaba. Empecé a ver claro que debía de haber algún error en esa forma de ver las cosas. En aquel entonces me encontraba en un momento de mi vida en el cual ya no cabía para mí la idea de resignarme y aceptar como propio algo que me hacía vivir con amargura. Digamos que me sentía preparado para cuestionar esa creencia tan arraigada. No podía aceptar que la vida se redujese a eso.

Hasta ese momento, sin embargo, había aceptado vivir desde el esfuerzo, y lo hacía porque pensaba que eso era lo natural. Hasta tal punto era así que incluso solía sentirme orgulloso de sufrir. Me enorgullecía por conseguir estar una noche entera estudiando algo que odiaba para aprobar un examen, o por dejar de lado cualquier cosa que me divirtiese con el fin de cumplir mis "obligaciones". De igual manera restaba valor a cualquier logro que no hubiese conseguido con sacrificio. Pensaba: "No me ha costado esfuerzo hacer eso, así que no tiene mérito". Yo, al igual que mucha gente, he pasado horas y horas memorizando temarios para que me pusieran buenas notas, y tal día como hoy ya ni siquiera me acuerdo de lo que escribí en aquellos exámenes. He creído firmemente que vivir sufriendo era algo digno de admiración.

Ahora sin embargo mis valores han cambiado. Ahora no me enorgullezco por haber hecho todo ese tipo de cosas, por haberme sacrificado de esa manera. Ahora quiero empezar a valorarme a mí mismo por lo que soy capaz de aportar al mundo, y no por la capacidad de sufrir y de aguantar losas. Ahora quiero empezar a identificarme con lo que realmente me conmueve y me motiva, lo que yo realmente soy.

¿Cuáles han sido las conclusiones de mis reflexiones con respecto a este asunto del esfuerzo? La respuesta la encontraréis en las páginas que siguen. Con esas páginas no pretendo convenceros de nada, sino que más bien lo que me gustaría es invitaros a la reflexión. Si consigo que te leas este libro hasta el final creo que habré cumplido ese objetivo.

I
El esfuerzo y la motivación

Piensa en esto: cuando tienes que levantarte temprano para hacer algo que te entusiasma ni siquiera necesitas poner el despertador. Antes de que llegue la hora ya estás predispuesto a ponerte en acción y casi no te cuesta trabajo levantarte. Te despiertas pensando en lo que vas a hacer y ese entusiasmo hace que apenas te cueste esfuerzo. Sin embargo cuando tienes que despertarte temprano para hacer algo que en absoluto te motiva te faltan despertadores para abrir los ojos, te levantas de la cama con una sensación horrible y rezas para que algo surja y te permita seguir durmiendo.

Desgraciadamente estamos muy acostumbrados a este tipo de situaciones en las que la desidia, o la pereza, o simplemente el "no quiero" nos invaden y nos hacen sufrir. Para sobrellevar esto lo que normalmente hacemos es intentar motivarnos. Echamos mano de nuestra fuerza de voluntad y nos decimos: "Venga, tú puedes, levántate". Quizás estemos demasiado acostumbrados a este tipo de situaciones, y también demasiado acostumbrados a reaccionar de esa manera, desde el esfuerzo. Y quizás estemos demasiado poco acostumbrados a pararnos y preguntarnos por qué, por qué me cuesta tanto levantarme, por qué tengo que pasarlo mal tan a menudo, por qué sufro tanto para hacer algunas cosas y en cambio otras las hago sin esfuerzo, por qué doy tanta importancia a esas cosas que tanto me cuestan y dejo lo que realmente me gusta para el tiempo libre.

Cuando nos vemos en ese tipo de situaciones en que no podemos tirar de nosotros mismos solemos echar la culpa a la falta de energía. Solemos pensar que lo que nos pasa es que no hemos dormido o descansado suficiente, o que se trata de un problema de salud, y solucionamos esa falta de motivación con un café. Puede ser, en algunos casos, que de hecho necesitemos descansar, pero el problema al que aquí nos enfrentamos va más allá. Fijaos qué curioso: cuando estás haciendo algo que te entusiasma el cansancio no es un impedimento, casi parece que éste desaparece; cuando haces algo que te encanta te encuentras en constante movimiento y no paras de hacer cosas, como si estuvieses lleno de energía. Si estás suficientemente motivado se te olvida comer y se te olvida dormir. En estos casos es como si una especie de fuente de energía inagotable nos alimentase y nos mantuviese en movimiento, desterrando cualquier resquicio de desidia o pereza. En estos casos decimos que estamos entusiasmados. La palabra entusiasmo viene del griego *enthousiasmos*, que significa "inspiración divina" o "poseído por una entidad superior". Entusiasmado está aquel que parece movilizado por un impulso que es más grande que él, un dinamismo que le envuelve y le mantiene activo. De forma habitual nos sorprende ver la cantidad de horas y dedicación que ciertas personas vuelcan sobre ciertos proyectos o actividades. Si les preguntamos "¿no te cansas?" estas personas suelen responder "es que me encanta hacerlo".

Llega un punto, cuando estás en medio de ese movimiento, de ese entusiasmo, en que piensas: "Creo que tengo que descansar porque llevo muchas horas sin parar". Es entonces cuando decides parar para comer o para dormir, y te das cuenta de que físicamente estabas cansado. Fijaos qué curioso: cuando haces algo que no te entusiasma para nada, dices: "Tengo que forzarme a moverme", independientemente de que estés cansado o no. Sin embargo cuando haces algo que te encanta, acabas diciendo: "Tengo que forzarme a parar, aunque quiera seguir, porque mi cuerpo necesita descansar". Lo que quiero decir es lo siguiente: el hecho de estar o no cansado físicamente no es lo que determina que sientas pereza o desidia, ni tampoco es lo que determina que te encuentres más o menos motivado o entusiasmado.

¿Dónde está el matiz que marca la diferencia entre los casos en los que tengo que enfrentarme a la pereza y aquellos en los que ocurre todo lo contrario, aquellos casos en los que no me cuesta esfuerzo hacer las cosas? El matiz es la motivación. La palabra motivación viene del latín motivus (movimiento). Cuando algo me motiva es porque produce movimiento en mí, me impulsa a moverme. Cuando algo me motiva lo suficiente podemos decir que me entusiasma. La motivación es la base de la acción, el motor natural de la acción en el ser humano. El ser humano se moviliza de forma natural en torno a proyectos que le gustan, y no en torno a proyectos que hace por obligación.

El ser humano construye constantemente proyectos: proyectos laborales, proyectos de pareja, proyectos de amistad, proyectos de aprendizaje, etc. Utilizo aquí la palabra proyecto en un sentido amplio. Un trabajo es un proyecto, un grupo de música es un proyecto, mi relación con mi hermano es un proyecto, incluso dar un paseo es un proyecto. Un proyecto es una planificación en torno a determinados objetivos. Mi relación con un amigo es un proyecto que puede tener como objetivo el que ambos disfrutemos de buenos momentos, para lo cual planificamos espontáneamente encuentros en el bar. En este último ejemplo se trataría de un proyecto que normalmente no se lleva a cabo desde el esfuerzo. Sin embargo muchos de los proyectos que nos mantienen ocupados diariamente sí que se hacen desde el esfuerzo. Son proyectos que, lejos de motivarnos, producen en nosotros una desagradable sensación de abulia. Esa desidia, pereza e inacción a la que tanto estamos acostumbrados tienen raíces profundas. Cuando nuestro cuerpo nos pide y suplica que no le obliguemos a hacer algo para lo cual no está motivado no lo hace por capricho, sino que tiene algo que decirnos, y debemos escucharlo. Pero tenemos el problema de que no nos han enseñado a escucharnos a nosotros mismos.

Un ejemplo:

Pensemos en una persona que se ha propuesto hacer la carrera de empresariales. Llamemos Nemesio a esta persona. A Nemesio esa carrera no le gusta casi nada, pero la ha elegido porque piensa que será buena para su futuro, y además sabe que estudiándola tendrá a su padre contento, el cual se queda tranquilo pensando que su hijo está haciendo una carrera de "provecho". Nemesio lleva a cabo su proyecto sin ninguna motivación, y puesto que lo que hace no le mueve en absoluto se ve obligado a echar mano constantemente de un motor de movimiento alternativo a sus propias motivaciones. Este motor de movimiento es su propia fuerza de voluntad. Nemesio se obliga a sí mismo a llevar a cabo su proyecto desde el esfuerzo. Se encuentra en una lucha constante consigo mismo, en la que cada día sufre para levantarse por la mañana y para atender en clase. Si le preguntáramos por qué se deja sufrir de esa manera él respondería: "Porque hay que hacerlo" o "porque es bueno para mi futuro" o "porque el que no se esfuerza es un vago" etc. Nemesio ha sido educado de tal manera que no considera necesario plantearse "por qué hay que hacerlo", y está acostumbrado a no escuchar a su cuerpo cuando éste le habla, a través de la sensación de desidia e inconformidad. Si Nemesio en un momento dado se siente desmotivado y surge en él la tentación de no ir a la facultad, enseguida surge esa voz en su cabeza, que le dice: "Esfuérzate", "no seas perezoso", "esto será bueno para ti en el futuro, lo necesitarás" "no hay alternativas", etc. Llega un punto en que Nemesio está tan acostumbrado a ignorar la información que le da su cuerpo, tan acostumbrado a obligarse a hacer las cosas, que ya ni siquiera se lo plantea, ni siquiera se lo pregunta. La norma la lleva clavada en la frente: "Hay que hacerlo". Nemesio ha

sido educado como la inmensa mayoría de gente en nuestra cultura occidental. La norma es:
"Para llegar a ser alguien con valor tienes que esforzarte en tus obligaciones, aunque no te gusten ni te motiven, porque será bueno para ti en el futuro".

Cuando uno entiende hasta qué punto este tipo de "lecciones" bajo las que hemos sido domesticados pueden llegar a hacer daño a las personas no puede sentir más que pura pena. Las personas responsables de nuestra educación nos han educado con toda la buena intención, pero ha llegado la hora de cuestionar dichas lecciones y reformular nuestro modo de ver el mundo.

Pensemos en Nemesio, ¿dónde dejó olvidadas sus motivaciones? ¿Hace cuánto tiempo que dejó atrás sus sueños, los que le mueven realmente de forma natural, y no a través del esfuerzo? Puede que Nemesio viva proyectos que le gustan en su tiempo libre y haya dejado sus motivaciones y anhelos para cuando termine la carrera, pero lo cierto es que esta persona dedica casi todo su tiempo y energía a algo que solo ha elegido hacer porque otras personas le han dicho que es bueno, y que será bueno para su futuro.

Nemesio se ha instalado en esa forma de hacer las cosas y puede que pase el resto de su vida así, sin conocer otras maneras de vivir. A las personas como Nemesio que han renunciado casi por completo a sus motivaciones se les nota hasta en la cara. Caras inexpresivas que esconden una nostalgia, como flores marchitas. Pero si lo pensamos bien, Nemesio, este hombre de ningún lugar ¿no es un poco como tú y como yo?

Nowhere Man (The Beatles)[1]

*Es un Auténtico hombre de ningún lugar
Sentado en su país de ningún lugar
Haciendo todos sus planes de ningún lugar para nadie*

*No tiene ningún punto de vista
No sabe a dónde va
¿No es un poco como tú y como yo?*

Pensémoslo bien. Llevar a cabo proyectos que no nos motivan es como intentar mover un tren que no está ubicado encima de sus raíles. Si te empeñas lo puedes mover, pero te va a costar una barbaridad. Desgraciadamente a eso es a lo que estamos acostumbrados en nuestra cultura, y es por eso que vivimos en la cultura del esfuerzo. El esfuerzo, y la fuerza de voluntad son los únicos motores de movimiento con los que contamos las personas una vez que hemos ignorado y desechado nuestros verdaderos motores de movimiento, los que de forma natural nos movilizan y nos mantienen en marcha. Este motor natural de movimiento al que me refiero son las motivaciones propias, las de cada uno de nosotros. Si en vez de intentar mover un tren por medio del esfuerzo lo situásemos sobre sus raíles, el movimiento tendría un sentido, una coherencia.

---
[1] Beatles. Rubber soul

Debemos enfocar nuestra vida teniendo en cuenta este principio. Tenemos que aprender a crear nuestros proyectos para que sean propios, con sentido para nosotros, que sintamos como nuestros y no como algo ajeno y extraño. Por eso lo primero que tengo que preguntarme es ¿cuál es mi movimiento natural? ¿Qué tipo de actividades hago porque me encantan, y no me canso de hacer? ¿Qué tipo de proyectos me entusiasman y me llenan de energía?

Ejemplo:

Yo por lo general no soy una persona muy pulcra. Normalmente nunca he puesto mucho interés en la limpieza ni el orden doméstico. Pues bien, cuando estuve en el 15M, en la plaza, recuerdo haber barrido el suelo como si fuese oro en paño. Limpiaba de forma minuciosa y reiterante. Este empeño no solo lo ponía al limpiar, sino que en cualquier actividad que tuviese que ver con el 15M ponía toda mi alma en ello. Lo curioso, lo que incluso a mí me llamó la atención era el placer con el que lo hacía. No necesitaba esfuerzo porque estaba entusiasmado. Era mi proyecto, nuestro proyecto. No estaba limpiando la plaza por dinero, ni porque me obligara mi jefe, ni para sacarme un título, ni porque nadie me aplaudiera. Mi motivación era poder participar en ese proyecto, poder colaborar con una creación que tanto me ilusionaba, rodeado de gente que compartía mi entusiasmo. Ese proyecto, el del 15M, para mí tenía sentido mucho más allá de lo útil o inútil que pudiese ser para cambiar el mundo. Por supuesto yo quería que tuviera consecuencias útiles y concretas en la sociedad, pero si me sentía tan bien no era por lo que pudiese ocurrir en el futuro, sino porque en ese momento, ya en ese momento concreto, yo estaba disfrutando, desarrollándome como persona. El 15M me entusiasmaba y me entusiasma.

El trabajo bien hecho

Vivir desde la motivación no solo es positivo para uno mismo, sino que es la mejor manera de aportar algo al mundo. Para construir algo que realmente tenga valor hay que hacerlo desde el entusiasmo, desde la alegría. En un proyecto no solo es importante la planificación y los recursos con los que se cuente, sino el "desde dónde" se crea. Un proyecto creado desde el sufrimiento y el sacrificio tendrá un resultado marcado por el sufrimiento y el sacrificio, y un proyecto creado desde la alegría tendrá un resultado marcado por la alegría.

Pensemos por ejemplo en esos maestros de preescolar a los que recordamos porque nos marcaron positivamente y nos hicieron ser mejores personas. Si algo tienen estos profesionales en común es que les encantaba su trabajo. Más allá de lo que hubiesen aprendido en la facultad o de su capacidad para memorizar libros eran personas que disfrutaban con los niños y disfrutaban cuidándolos. Lo mismo se puede decir poniendo casos de médicos, ganaderos, etc. Lo que hace que una persona haga bien las cosas, y obtenga realmente buenos resultados

es que se sienta motivada en lo que hace. Estamos acostumbrados a pensar que un trabajo bien hecho, un proyecto valioso, puede ser de todo menos lúdico. A veces para referirnos a un trabajo bien hecho decimos que es "un trabajo serio", queriendo distinguirlo de algo que se ha hecho por placer. Es más, solemos pensar que el resultado de un trabajo tiene mérito solo cuando se ha hecho con esfuerzo. Normalmente cuando una persona hace algo por placer siente que no merece reconocimiento, incluso aunque su obra sea magnífica:
- Qué trabajo tan bien hecho, tiene mucho mérito.
- No, lo hago porque me gusta, no me ha costado trabajo.

O también:
- Se te da muy bien hacer eso, ¿por qué no te dedicas a ello?
- No quiero cobrar por esto, lo hago porque me gusta.

Casi nos sentimos culpables si conseguimos un buen resultado y no nos hemos esforzado, si no hemos tenido que sufrir en cierto grado para conseguirlo. De igual manera a veces casi sentimos que es injusto que alguien pueda vivir disfrutando con su trabajo. Pensamos: "Si puede vivir feliz y disfrutar tanto en su trabajo alguna trampa estará haciendo", "quizás se está aprovechando del trabajo de otros, o robando, o algo". Tenemos muy metido en la cabeza que es necesario sufrir para conseguir las cosas, y que en mayor o menor medida tenemos que renunciar a lo que nos gusta para dedicar nuestro tiempo y energía a "cosas provechosas". Un mensaje que tenemos bastante interiorizado es: "Si has sufrido haciéndolo es que le has puesto interés". "Mi hijo está de exámenes, no sale a la calle y se le ve muy agobiado... Se merece un regalo". El que más capacidad tenga para esforzarse y el que mejor aguante el sufrimiento será el más valorado y reconocido. Nos han educado como a máquinas, como a esclavos.

En el sistema educativo y el sistema laboral actuales se habla mucho de motivación. Se habla de técnicas para motivar a los alumnos y también para motivar a los trabajadores. Normalmente siempre son estrategias para conseguir que esas personas lleven a cabo los proyectos que ya se han determinado de antemano y que responden a unos objetivos previamente establecidos. Y yo me pregunto ¿por qué no lo hacemos al revés? En lugar de intentar motivar a las personas y a nosotros mismos a llevar a cabo proyectos que alguien ya ha decidido, ¿por qué no preguntarnos cuáles son nuestras motivaciones y a raíz de eso diseñar los proyectos? Desde que éramos pequeños siempre se ha dado por hecho qué es lo que debía motivarnos. Y si se daba el caso de que no correspondíamos con esa demanda se nos decía que el problema era nuestro.

Vemos continuamente cómo se halaga y se valora a las personas que muestran esta capacidad para aguantar sufrimiento y no quejarse, independientemente del proyecto que estén llevando a cabo, o el valor que este proyecto pueda tener en sí mismo. Solemos pensar que tiene mucho mérito sufrir por algo, aunque ese algo sea mover un tren que no va hacia ningún lugar. A veces incluso, ese esfuerzo que hacemos, solo contribuye a un proyecto cuyos objetivos consideramos indeseables. El problema además es que en ocasiones ni siquiera conocemos los objetivos de los proyectos para los que tanto nos esforzamos.

Ejemplo:

En nuestra sociedad la economía se basa en el consumo. Generamos una cantidad inmensa de productos de los cuales muchos de ellos son innecesarios, y en muchos casos estos productos están diseñados para romperse en un corto periodo de tiempo, lo cual es llamado "obsolescencia programada". Pensemos en un trabajador de una fábrica que produce alguno de estos productos. Este trabajador se esfuerza mucho llevando a cabo una labor repetitiva que en nada le motiva y que le ocupa muchas horas de su vida. Está colaborando en la fabricación de un producto que no es necesario para la sociedad en cuanto a necesidades primarias se refiere. Además, debido a la obsolescencia programada fabrica muchas más unidades de las que tendría que fabricar si esos productos no estuvieses diseñados para romperse a corto plazo. Añadamos que esa fábrica, como ocurre en muchos casos, no respeta el medio ambiente y produce mucho daño ecológico. Digamos que en términos generales el proyecto en el que participa este obrero es un proyecto bastante negativo para la sociedad en muchos aspectos. Lo curioso, y esto es lo importante, es que esta persona se siente orgullosa y muy satisfecha por dedicar tanto tiempo y energía a esa actividad. No se siente satisfecho por el producto creado, sino porque siente que está cumpliendo con su obligación, y porque de esa forma puede alimentar a su familia. Se dice: "Soy un hombre de bien", "soy un currante hecho y derecho", "cumplo con mi deber de esforzarme", "no soy en absoluto un holgazán", "traigo un sueldo a casa, y lo traigo honradamente, currando de sol a sol". Esta persona acepta vivir ese proyecto en parte porque piensa que es lo que debe hacer, y en parte porque es la única forma que tiene de ganar dinero y alimentar a su familia. En cualquier caso acepta ese proyecto en contra de sí mismo, en contra de sus propias motivaciones.

"Ganarás el pan con el sudor de tu frente", se decía antes, y se dice ahora. Nos han enseñado que lo más importante es esforzarse, aunque ese esfuerzo sea para forjar tus propias cadenas. Pues bien, ha llegado el momento de recuperar lo que es nuestro, volver a ese momento en que nos convencieron de que nuestras motivaciones no eran importantes, volver al momento en que nos convencieron de que no era prudente confiar en nosotros mismos y que debíamos renunciar a nuestros sueños por "nuestro propio bien". Ha llegado la hora de subir a lomos de Rocinante, pues es preferible morir galopando que vivir toda la vida como Nemesio…

II
La educación y el miedo

Pensemos ahora en la posibilidad de cambiar nuestros proyectos de vida y enfocarlos hacia nuestras motivaciones. ¿Qué es lo primero que sentimos cuando nos planteamos esa posibilidad? Si yo te digo: "Vuélcate sobre aquello que te gusta y deja esa carrera o ese trabajo que no te motiva", ¿qué es lo que sientes? Lo primero que sentimos, si nos tomamos en serio esa propuesta, es miedo. El miedo es lo que nos hace decir: "No, mejor me quedo como estoy". Tenemos miedo de vivir desde nuestras motivaciones, entre otras cosas porque nos han enseñado a minusvalorarlas. Nos han enseñado a menospreciar y dejar en segundo plano nuestro motor natural de movimiento. Nos han enseñado, mediante el miedo, a conformarnos con una vida de esclavos.

Vamos a fijarnos en cómo nos han educado y en la manera en que hoy por hoy educamos a los niños. En mi opinión una cultura se puede valorar en función de cómo trata a los niños, puesto que el modo como tratamos a los niños es el modo como tratamos al niño que llevamos dentro y que somos en el fondo. Hemos vivido una educación que ha destruido casi totalmente nuestra iniciativa propia. Una educación en la que se nos daban dos posibilidades: podíamos, o bien ser niños buenos y por tanto ser obedientes, es decir, pura y llanamente, obedecer; o bien podíamos negarnos a obedecer y ser niños malos, lo cual nos convertía en parias susceptibles de ser humillados y descalificados constantemente por nuestros educadores. El mensaje ha sido siempre: "Aprende esto porque lo necesitarás, o porque es bueno para ti", "cumple con tus obligaciones porque son necesarias", "aprende a ser de esta o aquella manera porque es la forma correcta de ser", etc. Si tú respondías: "Es que no me gusta", ellos te decían: "Claro, ni a mí me gusta mi trabajo, pero hay que hacerlo, tienes que aprender a esforzarte". Y luego el corto periodo de vacaciones podías dedicarlo a hacer lo que te motivaba, y descansar, para después volver a las ocupaciones "importantes y provechosas".

La educación en nuestra sociedad se ejerce, por lo general, desde una directividad muy estricta. En las clases nos decían: "Podéis preguntar lo que queráis", pero sin embargo la inmensa mayoría de las veces si la pregunta se salía un ápice del temario programado por el profesor, te hacían sentir estúpido por haber hecho esa pregunta. Poco a poco, al crecer, hemos ido aprendiendo a no meternos en líos y a estudiarnos el temario sin cuestionarlo, y por tanto a perder la oportunidad de aportar algo propio al contenido de las clases. Se nos excluía simbólicamente de las clases y nos convertíamos en contenedores de información. Nuestras motivaciones eran un estorbo para el desarrollo de la clase. El alumno más premiado ha sido siempre el que menos iniciativa propia mostraba, y por supuesto el que más se esforzaba. Hemos aprendido que lo natural, a la hora de aprender y formarnos, es sufrir. Nada más lejos de la realidad...

Realmente cuando más se aprende es cuando uno está disfrutando. Aprender es un placer. Los niños de forma natural sienten curiosidad, preguntan, experimentan, desarrollan sus motivaciones, juegan. El problema surge cuando queremos que aprendan lo que nosotros juzgamos como bueno, y que además lo hagan cuando nosotros digamos. Aprender es un placer y lo hemos convertido en un infierno. Pero no solo aprender es un placer, sino que la vida misma puede llegar a ser un placer y no un infierno. Nuestra profesión, a través de la cual nos ganamos la vida, puede ser una forma de desarrollarnos como personas, y no de sufrir.

Educados en el Miedo

La forma en que nos han convencido de que debíamos ser obedientes y alejarnos de nosotros mismos ha sido mediante el miedo. Un niño necesita el reconocimiento de sus padres, y también el de los adultos que sean referentes para él, pero sobre todo el de sus padres. De forma habitual, en nuestra sociedad, no se valora ni se reconoce a los niños por lo que son, sino por lo que hacen, o por lo que pueden llegar a ser en el futuro. Un padre está más contento con un hijo que cumple con sus expectativas (las del padre) que con un hijo que no las cumple. Un padre muestra mayor reconocimiento a su hijo en la medida en que este hace o se comporta como el padre desea o espera. Normalmente los adultos valoran mucho los éxitos sociales: las buenas notas, un buen trabajo, premios deportivos, etc. El niño aprende que será valorado y querido por sus padres siempre y cuando cumpla con ese tipo de expectativas. Desgraciadamente es habitual que entre esas expectativas que tienen los padres no esté la de que el niño desarrolle las motivaciones que le son propias. El mensaje de los padres es: "Te quiero si...", "te quiero si eres bueno", "te quiero si te esfuerzas", etc. No es que todos los padres digan eso a sus hijos, pero de forma habitual los niños suelen recibir ese mensaje de forma indirecta. Si un padre valora poco a su hijo, no es necesario que se lo diga, puesto que el niño lo percibe, lo siente.

Tenemos muy interiorizado que somos valiosos en función de los logros externos que conseguimos, en función del reconocimiento externo que logremos, es decir, de los "buenos" resultados de los proyectos. Qué diferentes seríamos hoy como adultos si nuestros referentes en la infancia hubiesen apreciado y valorado nuestras motivaciones y nos hubiesen enseñado a valorarlas.

Hagámonos la siguiente pregunta: ¿qué me han enseñado a valorar? ¿El dinero, el éxito laboral, la belleza física...? Y ahora vamos a preguntarnos: ¿es eso lo que yo quiero valorar? ¿Cuáles son las cosas que yo realmente valoro, independientemente de lo que me han enseñado?, es decir ¿qué me motiva a mí de verdad?

En mi caso podría poner el ejemplo de la filosofía. Me encanta reflexionar, profundizar, argumentar, debatir, aprender del otro y de su punto de vista. Nunca me canso de hacerlo. Es cierto que me gusta obtener reconocimiento por mis reflexiones o incluso por tener buena nota académicamente, pero lo cierto es que filosofar es para mí una motivación que va mucho más allá de cualquier reconocimiento y de cualquier buen resultado. Puedo pasar una noche entera dialogando conmigo mismo y tener los ojos como platos. Yo vibro con la filosofía, y una conversación filosófica me llena de vida y de energía, me hace sentir pleno. Escribir este libro es un proyecto que he planificado en base, en parte, a esta gran motivación que tengo. Tener un espacio donde explicar, expresarme, hacerme preguntas y recrearme en las ideas es algo que hago poniendo mi alma en ello.

Aquellos que hoy en día tenemos problemas para enfocar nuestra vida en base a nuestras propias motivaciones vivimos con sufrimiento nuestros proyectos, y esto es debido a que hace mucho tiempo aprendimos, a base de dolor y decepciones, a inhibir nuestro auténtico motor de movimiento, nuestra iniciativa propia. Hace tiempo que escondimos nuestro fuego interior, aquel que mantiene nuestro tren en marcha, hace tiempo que encerramos a Rocinante en el sótano. Lo hicimos para evitar sufrimiento, para cumplir con aquello que se nos estaba demandando, lo hicimos inconscientemente porque no supimos o no pudimos hacerlo de otra manera. Pero ahora somos adultos y podemos recuperar nuestro poder, y liberar nuestro caballo de batalla.

La desconfianza hacia el ser humano

Las personas, por el hecho de ser personas, tenemos motivaciones desde que nacemos. Algunas de ellas son comunes, como la tendencia a amar, la predisposición a sentirse querido, o el gusto por aprender, y otras son singulares de cada uno.

Esas motivaciones nos constituyen como seres humanos, son el regalo que la vida nos da y el regalo que damos a la vida. Son lo que nos mantiene vivos, en movimiento y felices. Por eso aquellos que han renunciado por completo a sus motivaciones parecen más zombies que seres humanos.

Sin embargo en nuestra cultura el pensamiento que predomina no es este. La gente suele pensar que el ser humano es perezoso por naturaleza. Nos han enseñado que si no hacemos algo por evitarlo caeremos por nuestro propio peso en la desidia, la inacción, el desorden, el caos. De tal manera que, según esta idea, resulta lógico pensar que las personas han de ser controladas y moldeadas según ciertos criterios considerados como razonables, y que deben ser obligadas a desarrollarse de forma "correcta" bajo el riesgo de convertirse en salvajes. Es necesario, nos dicen, aprender a esforzarse para cumplir con un modelo de persona que alguien, en algún momento, ha juzgado que es bueno.

Pensar que el ser humano es perezoso por naturaleza y que de forma natural tendemos a la barbarie es tener una concepción profundamente pesimista de lo que somos. Esa desconfianza hacia el ser humano está muy presente en nuestra cultura y se hace patente en muchos ámbitos. Desconfiamos del ser humano en su conjunto y de nosotros mismos individualmente. Pensemos en esto. Si yo planteo la posibilidad de dirigir un aula escolar en la que son los propios niños y niñas quienes deciden cuál será el contenido de las clases ¿qué es lo primero que se nos viene a la cabeza? El caos. Pensamos que esos niños y niñas no van a hacer nada de provecho, que van a elegir actividades lúdicas que no les servirán para nada y que a lo largo de los años les acabarán convirtiendo en ociosos irresponsables y descarrilados. Pensar esto, en otras palabras, es pensar lo siguiente: "Los niños son como un ordenador, es necesario meterles los programas útiles, porque si no acabarán siendo inútiles".

Curiosamente esta desconfianza no solo la tenemos hacia el ser humano, sino que desconfiamos profundamente de la naturaleza en todas sus formas. Pensamos que la naturaleza es una lucha encarnizada por la supervivencia en la que reina el caos. Pero lo cierto es que ésta también puede verse como un sistema coherente y armónico, si lo miras en perspectiva. Puede verse como algo desordenado o bien como algo armónico dependiendo de cuál sea nuestra idea de armonía y de orden. La naturaleza humana solamente se convierte en algo negativo y caótico cuando queremos direccionarla forzadamente.

La desconfianza produce miedo, y el miedo nos lleva a mantener una actitud de protección. Esa necesidad de protegernos es la que nos hace intentar controlar la vida. En general, cuando algo nos produce miedo o desconfianza es porque lo consideramos ajeno o extraño a nosotros. Algo da miedo cuando no estamos familiarizados con ello. Si desconfiamos de nuestra propia naturaleza es porque no la comprendemos y nos es extraña.

Pensemos en la agricultura. Solemos creer que la tierra es inútil hasta que no la forzamos a producir lo que queremos. La tratamos como una máquina expendedora a la cual debemos provocar para que nos proporcione los productos que deseamos. Pero realmente la tierra es de una riqueza inmensa en sí misma, y no necesita ser forzada a producir. Solo se convierte en algo inútil cuando queremos que se comporte y produzca en función de nuestras expectativas. La tierra nos ofrece inmensidad de bienes. A cada tipo de terreno geográfico, con su clima particular, le corresponde una serie de semillas y plantas autóctonas, las cuales son naturales de ese lugar. Esas semillas, al ser sembradas en su espacio natural, crecen de forma sana, desarrollándose en armonía con la flora y la fauna. Esto es bien conocido en permacultura. Conocer los ciclos naturales, la flora autóctona, etc, es conocer la naturaleza, y eso te permite adaptarte a ella. Intentar que un terreno produzca los frutos que nosotros le imponemos implica forzar la tierra y producir daño en ella. Intentar dominar la naturaleza de esa manera es la consecuencia de desconfiar de ella. Solo alguien que no entiende la tierra elige forzarla.

De la misma forma nos forzamos a nosotros mismos a llevar a cabo proyectos que hemos elegido sin tener en cuenta nuestros propios ciclos, nuestro modo propio de ser, nuestras propias semillas autóctonas. Los indios saben que la planta que corresponde a un terreno es la planta que en ese terreno crece sin esfuerzo, ellos confían en que la tierra les proporciona lo que necesitan porque la conocen, y por eso no la dañan ni intentan controlarla. De igual manera, el hecho de saber qué tipo de proyectos encajan bien conmigo significa saber qué tipo de proyectos crecen en mí de una forma natural, sin tener que forzarme a realizarlos. Saber cuáles son las semillas que crecen en mí de forma natural es saber cuáles son realmente mis motivaciones.

Fijaos en que esa forma de educar a los niños, desde la desconfianza, es la misma forma en que nos tratamos a nosotros mismos como adultos. Nos obligamos a hacer las cosas, intentamos motivarnos cuando caemos en la desgana, nos decimos lo mismo que les decimos a los niños: "Espabílate que como no lo hagas te va a ir muy mal". Siempre desde el miedo hacia lo que pueda pasar: "No tendré trabajo", "seré un perezoso", "decepcionaré a mi familia", etc. Ese estado de tensión tan característico que nos acompaña en nuestros proyectos es el que da lugar al estrés, un fenómeno que abunda en nuestra sociedad. El estrés no es más que un estado de alerta de nuestro cuerpo consecuencia del miedo y la preocupación a la que estamos expuestos. Resulta curioso escuchar a algunas personas decir: "Yo hasta que no me entra el estrés no me pongo a hacer cosas". Eso es como decir: "Dejo que el miedo sea mi motor de movimiento". Hay incluso psicólogos que aceptan cierto nivel de estrés como algo sano y positivo a la hora de llevar a cabo proyectos, y a ese nivel de estrés positivo lo llaman "eustrés". La idea que mantienen es que el estrés y la ansiedad son buenos en su justa medida... Eso me recuerda a la frase: "Mi marido me pega lo normal, ni mucho ni poco". Nunca es sano el estrés ni el estado de desconfianza al que sometemos a los niños y a nosotros mismos.

¿Qué otra forma hay de tratar a los niños? ¿Qué otra forma hay de tratarme a mí mismo? Recordemos por un segundo cuando éramos pequeños, y no tan pequeños. ¿Cómo nos hubiera gustado que nos trataran los adultos? ¿Cómo nos hubiera gustado que nos enseñaran a entender los proyectos? ¿Qué hubiéramos necesitado para, hoy día, no vivir lejos de nosotros mismos? A mí me hubiera gustado que me hubiesen enseñado a valorar mis motivaciones y capacidades por encima de todo. Considero que esto es esencial. Y para que un adulto pueda transmitir esa confianza a un niño no le basta con la intención. Es difícil fingir que valoras las motivaciones y capacidades de un niño si realmente no las valoras. Para valorar algo hay que estar abierto a admirarlo, y esto solo puede hacerlo alguien que sea capaz de confiar.

Si el adulto vive en la desconfianza enseñará al niño a desconfiar. Si tiene miedo de que ese niño no se desarrolle "bien" como persona, si tiene miedo de que se convierta en un perezoso, o en algo indeseable, entonces no puede estar abierto a admirar y disfrutar de sus motivaciones. No podrá valorarlas, con lo cual es difícil que pueda ayudar a ese niño a confiar en sí mismo.

El niño, en tal caso, aprenderá únicamente a valorar cosas ajenas a él. Recibirá mensajes como los siguientes: "Ser obediente es bueno", "ser amable con los demás es bueno", "tener una carrera es valioso", etc. Con el tiempo ese niño seguramente se convertirá en un adulto que no se conoce ni se valora a sí mismo por lo que es.

Aprender a escuchar

Entonces ¿cómo debemos actuar con el niño? ¿Cómo debemos actuar con nosotros mismos y con lo que sentimos? ¿Tenemos que dejar que el niño haga lo que le dé la gana? ¿Tenemos que dejarnos llevar por nuestros impulsos? La actitud que debemos adoptar con los niños es la misma que debemos adoptar con nosotros mismos: la escucha. Aprender a escuchar. Parece fácil, y en cierto modo lo es, pero no nos han enseñado a hacerlo y no estamos acostumbrados.

Escuchar a un niño no significa hacer y obedecer lo que él diga o pida. De la misma forma que escuchar nuestras emociones no significa dejarnos llevar por ellas. Escuchar a un niño tampoco significa simplemente oír lo que te dice y poner cara de interés. Escuchar supone un ejercicio muy fuerte de humildad. Este niño me está expresando algo de lo cual yo puedo aprender, y sus palabras son igual de importantes que las mías. Para escuchar de verdad es necesario no tener una actitud de juicio (evaluando una respuesta como buena o mala).

Cuando nos abrimos a escuchar de verdad ocurre un fenómeno curioso. En el caso de un niño, al darle un espacio de expresión, éste se siente escuchado, siente que se le da valor y eso tiene un gran efecto en él. De la misma forma, cuando prestamos atención a nuestros impulsos, emociones y demás mensajes que nos da nuestro cuerpo, estamos dando espacio a algo dentro de nosotros, y estamos siendo conscientes de nosotros mismos.

Cuando por ejemplo nos vemos en la situación de tener que levantarnos de la cama para hacer algo que no nos motiva en absoluto sentimos cómo una parte de nosotros nos dice: "No quiero ir", "no quiero ir aunque descanse más rato", "no quiero ir aunque pueda ser útil para algo", etc. Esa voz la podemos entender como la voz de nuestro niño interior. Y fijaos qué curioso: solemos responder a esa voz de la misma manera en que solemos responder a los niños, de la misma manera en que nos respondían cuando éramos pequeños y decíamos que no queríamos ir al colegio. Respondemos: "Venga levántate", "no seas vago", "se responsable", "cumple con tu obligación". Respondemos a esa voz sin escucharla realmente e intentamos direccionarla y acallarla.

No nos escucharon a nosotros cuando nos mostrábamos reacios a cumplir con nuestras "obligaciones", y en vez de eso nos juzgaban, nos castigaban o nos premiaban en función de nuestro comportamiento. Así hemos aprendido a tratarnos a nosotros mismos, así tratamos a nuestro cuerpo cuando éste nos quiere decir algo. Nos han enseñado a decir "no" a esa voz, y a que si se pone muy pesada la sometamos y le riñamos. Una de las formas en que acallamos esa voz es juzgándola, es decir, juzgando esa parte de nosotros: "¡No seas vago!". Otra forma es metiéndole miedo: "¿Qué quieres, suspender?", "si no vas al trabajo te vas a quedar en la calle el resto de tu vida". Nos castigamos a nosotros mismos y nos despreciamos por no haber hecho algo que se supone que deberíamos haber hecho. Vemos bien el hecho de sentirnos culpables por no haber cumplido

nuestra "responsabilidad": "Me lo merezco por vago".
Pero ¿y si aprendemos a escucharnos y no a juzgarnos? Supongamos que tengo que ir a un sitio y siento que no me apetece. Voy a representar una conversación entre yo y yo mismo de forma que no me juzgue ni intente acallar mi voz interna. Se trata de expresarse pura y llanamente.
- No quiero levantarme para ir a ese lugar.
- ¿Por qué no quiero ir?
- Porque no me motiva en absoluto.
- ¿Si no te motiva por qué has elegido ir?
- Porque hay que hacerlo.
- ¿Y por qué hay que hacerlo?

Aquí empezamos a sentir cierto cabreo, como si el simple hecho de hacer estas preguntas fuese una línea prohibida que no se debe cruzar. Normalmente la gente, ante este tipo de preguntas se pone un poco a la defensiva, y responden cosas como las siguientes:

1 - ¡Pues porque hay que hacerlo y punto!

2 - Pues porque yo no soy un vago, soy decente y cumplo con mis obligaciones.

3 - (o directamente) ¡Esa pregunta es una tontería!

Pero supongamos que no es el caso y que mantenemos una actitud de apertura y de diálogo.
- Insisto, ¿y por qué hay que hacerlo?
- Pues porque quiero tener el futuro asegurado y no ser un muerto de hambre callejero.
- ¿No se te ocurren otras formas de asegurar tu futuro sin

pasarlo tan mal? ¿No podemos pensar una forma de asegurarnos el futuro creando proyectos desde nuestras motivaciones? Aquí existen diversas respuestas:
1 - Las motivaciones son para el tiempo libre.
2 - Las motivaciones son para cuando tenga mucho dinero.
O directamente hay quien dice:
3 - ¿Qué motivaciones? no sé cuáles son mis motivaciones.

Y es que mucha gente ni siquiera conoce sus motivaciones propias. Pero es que además nos enfrentamos al problema de que nos han enseñado a infravalorarlas, como si fuesen algo secundario, sin valor. Estamos tan encasillados en una única forma de hacer las cosas que nos resulta muy difícil pensar en otros caminos posibles, en otras alternativas, en otros modelos de sociedad y de economía. Estamos convencidos de que nuestras motivaciones no son buenas consejeras. ¿Cómo es posible que estemos tan lejos de nuestra naturaleza? ¿Cómo es posible que hayamos desterrado aquello que nos mantiene vivos, el motor natural de nuestro movimiento?

Continuamos con el diálogo con nosotros mismos:
- ¿Mis motivaciones? ¿Cómo puedo saber cuáles son mis motivaciones?
- Fíjate en las actividades que te encanta hacer, las que te llenan de energía, más allá del reconocimiento o la recompensa que puedas obtener con ellas. Esas actividades que puedes hacer durante horas sin sentirte fatigado, y que hacen que se te pase el tiempo muy rápido. Las actividades que te hacen vibrar.

- Mmm... me encanta contar cuentos, narrar historias.
- ¿Por qué no dedicas tu tiempo y energía a ello? Podrías crear un taller en una escuela infantil, o podrías prepararte un espectáculo como cuentacuentos, por ejemplo.
- Podría hacerlo, pero me da miedo dejar la carrera, me da miedo lo que diga mi familia, lo que me pueda pasar en el futuro, que salga mal y me sienta un fracasado. Mejor no arriesgarme. Además para hacer eso hay que ser un experto, y yo no he estudiado nada de eso, no sabría hacerlo.
- ¿Pero no es más costoso para ti vivir todos los días con malestar, teniendo que obligarte cada día a hacer algo que no te gusta? Si dedicas tu vida a tus motivaciones tu día a día sería como un juego, no como un suplicio. Tu vida podría ser entusiasmante.
- Eso suena muy bien pero es imposible, la vida real es más dura. Es necesario adaptarse al mundo y hacer lo que hay que hacer. No me atrevo a arriesgarme de esa manera.

Es el miedo y la desconfianza lo que nos mantiene replegados y adaptados a un modo de hacer las cosas contrario a nosotros mismos. Quizás sea sensato tener miedo de emprender un camino propio y no transitado, pero también puede ser que estemos infravalorando nuestras capacidades. Si dedicásemos toda nuestra energía y tiempo a desarrollar lo que realmente nos gusta, emergería en nosotros un dinamismo superior, el cual crecería como un fuego bien alimentado. Si dedicases todo tu tiempo a aquello que realmente te entusiasma ¡Dios sabe las cosas que podrías llegar a hacer!

Simplemente redirígete

Escucharse a uno mismo implica conocerse un poco más. Entender por qué hago las cosas, saber cuál es mi objetivo real, el que realmente me mueve a llevar a cabo un proyecto. Lo que luego hagamos con esa información es ya otro asunto. Puede que aunque yo conozca cuáles son mis motivaciones decida no vivirlas porque sé que tengo miedo. Quizás tengo miedo a dejar mi trabajo, o piense que es inviable en el momento actual dedicarles mi tiempo y energía, pero el hecho de ser consciente de ellas me permite al menos empezar a darles valor, me permite reservarles un espacio de atención en mi vida que aspiro a hacer más grande. Aunque ahora no pueda hacer más que eso. Y reservarles un espacio de reconocimiento quizás tenga más poder del que solemos creer.

Ejemplo:

"Sé que mi trabajo no me entusiasma en absoluto y que no puedo dedicar casi nada de tiempo a otra cosa. Pero ahora que sé lo que realmente me gusta hacer puedo cambiar mi forma de ver el mundo y mi dirección en él. A partir de ahora no voy a decirme que soy perezoso por no trabajar más o que mi valor radica en mi capacidad de esforzarme. A partir de ahora ya sé cuál es mi motor de movimiento natural, el cual debo cuidar como a mí mismo. Desde ahora voy a intentar vivir cada vez más proyectos que me gusten, poco a poco, en la medida en que me sea posible, hasta que llegue un día en que todo mi tiempo y energía estén dedicados a ese tipo de proyectos. Ese día mi proyecto de vida será mi propio fuego interior, mi proyecto de vida seré yo".

La pereza y el aburrimiento

Ahora vamos a analizar el fenómeno de la pereza. Todos hemos experimentado la pereza alguna vez, y el único remedio que nos han enseñado contra ella ha sido recurrir al esfuerzo, a la fuerza de voluntad. Eso es como si a alguien que tiene fiebre le das un café. Claro que va a hacer cosas de forma efectiva, pero eso no es salud.

Lo primero que tendríamos que hacer es preguntarnos qué es la pereza. Un niño de forma natural hace cosas, tiene iniciativa. Los niños se pasan el día jugando, y lo hacen por disfrute. Así es la forma natural de actuar: disfrutando, aprendiendo y con vitalidad. Y si eso es lo natural ¿en qué momento de la vida surge la pereza en nosotros?

La pereza aparece como consecuencia de la inhibición de nuestra iniciativa para actuar. Una vez que hemos frustrado y bloqueado las motivaciones del niño, quitándoles valor, y una vez que hemos conseguido que "sea bueno" (adaptado, obediente), el niño ha aprendido a no dejarse llevar por su movimiento natural. Después le decimos que haga las tareas y deberes que los adultos consideramos como buenas para él, y como es lógico, no las hace, o intenta no hacerlas. A eso los adultos lo llamamos pereza.

Es aquí cuando enseñamos al niño cómo debe movilizarse para hacer esas tareas. Una vez que le hemos privado de su auténtico motor de movimiento le ofrecemos uno artificial, que le servirá para llevar a cabo sus obligaciones: le enseñamos a esforzarse, trabajar desde la fuerza de voluntad. Es como si intentas que una planta de exterior crezca en un sótano. Has privado a esa planta de las condiciones que necesita para crecer fuerte, y cuando ésta da muestras de debilidad la llamas perezosa y la fuerzas a crecer. Cuando sentimos pereza a la hora de hacer nuestros "deberes" muchas veces se trata de un aviso, de un auto boicot, a través del cual nos decimos: "No quiero", "no me gusta ese proyecto", "esto me aleja de mis motivaciones". Nuestro cuerpo protesta y nos dice: "Yo, para eso, no me muevo".

Sentimos una sensación de aplastamiento y malestar, y en vez de escuchar a nuestro cuerpo, lo que solemos hacer es juzgarnos. Nos llamamos perezosos a nosotros mismos y tomamos la medicina mágica del esfuerzo. ¿Qué es la pereza? Una respuesta sana de nuestro cuerpo, que se muestra reacio a llevar a cabo un proyecto que no nos motiva.

Pero ¿no sentimos también pereza a la hora de hacer algo que nos motiva? Sí. ¿Cómo puede ser que algo que nos motiva no nos mueva y nos quedemos en el sofá? La pereza, como acabamos de ver, puede ser la respuesta sana de nuestro cuerpo ante la demanda de llevar a cabo un proyecto que no nos motiva, pero también puede ser otra cosa. En los casos en los que sentimos pereza ante un proyecto que nos motiva, ésta no es más que la expresión de un trauma, de una herida del pasado, que tiene que ver con nuestra capacidad para crear y actuar en el mundo desde nuestra iniciativa propia. ¿Cómo si no íbamos a sentir pereza ante un proyecto que nos gusta? La pereza, en esos casos, esconde un miedo: miedo a crear, miedo a construir mis propios proyectos. Ese miedo a crear, que hemos interiorizado, nos mantiene inactivos, inhibidos.

Preferimos estar en el sofá sin hacer nada a iniciar un proyecto y empezar a sentir sensaciones desagradables y voces dolorosas con las que estamos familiarizados: "No puedes", "te saldrá mal", "deja eso y haz algo útil", "eso es una tontería", "dedícate a lo que tienes que hacer".

Esos miedos que están en nosotros nos mantienen bloqueados. Y ante esa sensación de aplastamiento preferimos quedarnos en el sofá, no sin cierto malestar. Es mucho más cómodo quedarse sentado sin hacer nada que lanzarte a llevar a cabo algo y empezar a sentirte culpable, inútil, etc. Es más cómodo no enfrentarnos a esos miedos. Preferimos, o bien no hacer nada, o bien refugiarnos en ese proyecto que la sociedad ha creado para nosotros y por el cual se nos premia.

La pereza, por tanto, no es algo natural en nosotros, sino que es el efecto de ciertos miedos y heridas emocionales. Es como si estuviésemos programados para no actuar ni diseñar nada de forma propia y autónoma, como si solo supiésemos actuar de manera mecánica y de espaldas a nosotros mismos.

¿Y el aburrimiento, qué es? Aburrirse es la consecuencia de tener tu motor natural de movimiento encerrado y bien encerrado en el sótano. El aburrimiento es otra consecuencia de ese trauma que ha inhibido nuestra iniciativa propia. Cuando ya ni siquiera se te pasa por la cabeza crear un proyecto que te motiva, y los únicos objetivos que puedes plantearte son referentes a tus deberes y obligaciones, es cuando no haces nada. Piensas: "Puedo hacer algo útil, como estudiar o ir al gimnasio, o puedo quedarme en el sofá y ver la tele. Elijo ver la tele". A las dos horas te cansas de ver la tele, pero la sigues viendo. Aparece el aburrimiento. Si una persona contempla la posibilidad de poner en práctica proyectos que le entusiasman, y no tiene miedo a llevarlos a cabo, vive muy lejos del aburrimiento y de la pereza.

Un león que vive en la selva no se aburre, utiliza sus garras, usa su mandíbula, caza, corre, busca, ruge. Sin embargo el león que lleva toda su vida encerrado en un circo se pasa el día tumbado, hace lo que le dicen y obtiene su comida. Ese león ni siquiera se plantea que haya un mundo más allá de su aburrimiento. Para él solo hay dos formas de estar: haciendo lo que le dicen que haga, y aburrirse. Lo más triste es que si a ese león lo sueltan en la selva va a hacer lo que lleva toda la vida haciendo: sentarse y aburrirse. No va a ejercer como el león que es porque un día, hace mucho tiempo, alguien le convenció para que renunciara a su fuerza, a sus garras, a su rugido, y se hiciera dócil. Él se ha adaptado a ese modo de vivir contrario a su naturaleza a cambio de comida y forzado por latigazos, pero sobre todo se ha adaptado porque no conoce otra forma de vivir. De la misma forma, nosotros, en esta cultura, vivimos en una especie de circo. Somos igualmente domesticados. Lo que para el león son latigazos para nosotros han sido creencias y juicios, que han provocado igual o más miedos que los latigazos. También se nos ha "premiado" nuestra obediencia, y también hemos crecido sin conocer otras formas de actuar en el mundo. El aburrimiento y la pereza son señal de enfermedad. Una persona que de forma habitual se aburre es una persona desconectada de la vida y encerrada en una jaula. "No se me ocurre nada que hacer". ¿Cómo que no se te ocurre nada que hacer? ¿Dónde están tus motivaciones? ¿Tan lejos estás de ellas? Aquel que no tiene miedo de hacer lo que le entusiasma vive la vida como una pura ebullición de posibilidades, de proyectos, de relaciones, etc. Si te aburres es porque estás desconectado de ti mismo. Y si estás desconectado es porque te han enseñado a tener miedo de ese camino. Reconéctate contigo mismo, escuchando a tu cuerpo, conociendo tus inquietudes, y enfrentándote al miedo.

Fijaos que la pereza y el aburrimiento no son solo estados que te dejan en el sofá sin hacer nada, sino que además siempre van acompañados de sensaciones desagradables a la altura del estómago: sentimientos de culpa, de juicio, de vergüenza, etc. Esos sentimientos desagradables, esos miedos, son los que te atan al sofá. No es el cansancio.

Si cuando estás en el sofá solo ves dos posibilidades: levantarte para hacer tareas, es decir para llevar a cabo un proyecto que no te motiva, o bien seguir en el sofá "descansando", estás condenado a pasarte el resto de tu vida alternando entre dos jaulas: La inactividad de la desidia (la pereza), y la actividad desde el esfuerzo (la obligación).

Como adultos, debemos ejercer como educadores del niño que llevamos dentro. Dar seguridad a ese niño, confiando en él y enseñándole a descubrir quién es. Dar confianza a ese niño acompañándolo y ayudándole a enfrentarse al miedo. Dialogar con el miedo es muy útil para superarlo. Cuando identificamos un miedo dentro de nosotros vamos a intentar escucharlo, diciéndole: "¿De qué me estás protegiendo?". Comprender un miedo nos permite posicionarnos con respecto a él.

El miedo en sí mismo es algo natural, es normal sentir temor ante la posibilidad de que algo me pueda perjudicar. De lo que se trata no es de dejar de tener miedo. La solución tampoco es ignorarlo o evadirlo. Se trata de ser conscientes de él, y no dejar que dirija nuestra vida. De esa manera nos servirá como la herramienta que es y dejaremos de ser sus esclavos. El miedo está para prevenirnos de un mal, no para hacernos infelices.

III
Identificar nuestras motivaciones

Las motivaciones. Hemos hablado mucho de ellas, pero vamos ahora a pensarlas más detenidamente. ¿Qué son exactamente y qué hay que hacer con ellas? Estar motivado es estar conmovido. La palabra conmoverse significa "moverse con". Cuando algo te conmueve significa que en algún sentido te dinamiza (tú te mueves-con eso). El hecho de "emocionarse" también tiene que ver con esto. La palabra emoción viene del latín emotio, que significa movimiento o impulso. Si algo te emociona es porque te remueve de cierta manera.

Otro concepto que nos sirve para entender mejor lo que son las motivaciones es el de "inquietud". Llamamos inquietudes a aquellas cosas que nos empujan a llevar a cabo proyectos. Algo es para ti una inquietud cuando te saca de la quietud. Podemos ver cómo todos estos conceptos tienen algo que ver con el movimiento.

Confundir nuestras motivaciones

Es bastante común cometer el error de confundir nuestras motivaciones. Y también, a veces, preferiríamos tener otras diferentes a las que tenemos. Este tipo de confusiones y contradicciones son el resultado de vivir sin escucharnos a nosotros mismos. Veamos esto con ejemplos.

Ejemplo 1:

Yo quiero a mi perro, y mi relación con mi perro me conmueve. Quiero que mi perro esté feliz, porque cuando lo veo feliz yo también lo estoy. Hago cosas para que esté bien, para que no pase hambre, y todas esas cosas las hago con gusto, porque mi relación con él hace que yo esté motivado.

Ejemplo 2:

A mi me emociona la idea de crear un mundo más justo, de conseguir que nadie trabaje doce horas al día para que otros sean ricos. Yo vibro con las canciones que hablan de justicia social y de estar todos unidos contra la desigualdad. Me conmueve ver una situación injusta.

En ambos ejemplos me siento conmovido. Pero ¿qué es exactamente lo que me mueve y hacia dónde me mueve? Me siento impulsado a actuar, pero a la hora de tomar decisiones y de dar forma a ese movimiento, a la hora de ponerme en acción, es cuando me enfrento a la ambigüedad de las motivaciones.

Ejemplo 1

Pensemos en el primer ejemplo. En ese caso que he planteado se podría pensar quizás que es mi relación con el perro lo que me motiva, pero puede que no sea eso exactamente.

Puede que me hayan enseñado que es un deber cuidar a los animales y que no hacerlo es de ser mala persona. Puede que yo solo cuide a mi perro para evitar el sentimiento de culpa que surgiría en mí si a éste le pasa algo, y si siento que no estoy cumpliendo con mi deber de cuidarlo. En tal caso lo que me mueve a la hora de cuidar a mi perro no es mi relación con él, sino el hecho de querer ser buena persona para así cumplir esa expectativa que tengo de mí mismo. Es una expectativa que me han enseñado a tener: "Las buenas personas cuidan a los animales". Es probable que me hayan educado con este mensaje: "Tienes que ser una buena persona para que los demás te quieran, y una buena persona no trata mal a los animales". Si descubro que esto es así tengo que estar contento, puesto que he identificado cuál es mi verdadera motivación. Yo pensaba que era mi relación con el perro y resulta que lo que en el fondo busco es convertirme en una buena persona a los ojos de los demás para así ser digno de ser querido.

Clarificarnos a este nivel quizá nos parezca una tarea difícil, puesto que no nos han enseñado a hacerlo, pero se aprende rápido. Si yo me pregunto ¿qué me mueve a cuidar a mi perro? debo responder a esa pregunta con calma y humildad. Se trata de acercarse a la verdad: "Yo cuido de mi perro en parte porque le quiero, pero sobre todo porque siento que así me querrán más los demás, o al menos no pensaran que soy mala persona". Una vez que has identificado esa verdad puedes posicionarte de una forma más sincera en tu relación con tu perro y contigo mismo. Puedes entonces rediseñar ese proyecto para que se adapte mejor a la verdad: "Quiero que mi relación con mi perro esté basada en mi amor por él, y dejar de alimentar ese sentimiento de culpa que me empuja a cuidarlo". Posicionarnos de una forma sincera nos ayuda a vivir nuestras relaciones y proyectos de manera más auténtica, libre de contradicciones y falsedades.

Por eso es tan importante la pregunta de qué me motiva realmente. Una vez que lo he identificado es cuando puedo despejar y dejar espacio a ese motor de movimiento para que funcione bien, limpiamente.

Ejemplo 2

Pensemos en el segundo ejemplo. Éste nos servirá para ver que es posible confundirnos pensando que nuestra motivación es un proyecto concreto. Un proyecto concreto no puede ser nuestra motivación. Los proyectos son herramientas que nos permiten vivir nuestras motivaciones. Estos tienen siempre un principio y un final, unos objetivos y una planificación, en mayor o menor medida. Las motivaciones, en cambio, van más allá, son un fuego que crece dentro de nosotros y que se mantiene más allá de cualquier proyecto o vivencia concreta, son algo que vamos redescubriendo a cada paso y que a cada paso, en cierto modo, se van transformando.

Pensando en ese segundo ejemplo, un error que puedo cometer es el de creer que lo que a mí me motiva es concretamente la revolución marxista. Puesto que me conmueve la literatura marxista y las soluciones que ésta propone ante la desigualdad puedo pensar que mi motivación es el marxismo. Pero no hay que olvidar que las motivaciones siempre están dentro de uno mismo. Algo exterior a mí puede despertar ese motor, pero no debo confundir mi motivación propia con el modo o la forma concreta en la que la vivo. El marxismo me puede servir para desarrollar un proyecto concreto, pero no es mi motivación.

¿Cuál es mi motivación entonces? Podría quizás definirla como un amor que siento hacia la humanidad, que me mueve hacia la búsqueda de justicia y a desear que las personas seamos libres. Digamos que el marxismo puede ser una buena herramienta, o no, para dar forma a esa inquietud que me impulsa. Otra herramienta podría ser participar en una ONG, o tantos otros proyectos.

Si yo me confundo e identifico mi motivación propia con el proyecto o el instrumento externo que me haya servido o me esté sirviendo para vivirla estoy cometiendo un error. No importa cuál sea el proyecto (la institución, teoría, grupo, etc) con el que yo la identifique, en cualquier caso correré el peligro de atarme a dicho proyecto y olvidarme de lo realmente importante. Si yo, en un proyecto, como puede ser un partido político, puedo desarrollar y vivir mi motivación, eso me hará crecer, será positivo, pero existe el peligro de que yo acabe pensando: "Este partido es lo que a mí me motiva". En ese caso me estaré identificando a mí mismo con ese partido, de tal forma que si alguien lo critica o ataca yo me sentiré atacado personalmente, como si me hubiesen atacado a mí, como si me hubiesen puesto en duda a mí mismo. Es importante saber que en ningún caso tu motivación depende de ningún proyecto concreto, puesto que tu motor de movimiento forma parte de ti.

Tu motivación está más allá de cómo la vivas externamente, de la misma forma que tu amor hacia una persona está más allá de lo que hagas o dejes de hacer por esa persona. Podemos demostrar o no nuestro amor hacia alguien y hacer crecer o decrecer ese fuego, pero en cualquier caso está más allá de algo externo. Es cierto que las motivaciones no son nada si no tienen un espacio externo para ser vividas, pero no debemos olvidar que aun así éstas siempre están más allá de los proyectos y de las experiencias, aunque solo sea en forma de semillas, de potencialidades.

Confundir una motivación con un proyecto concreto es un error que puede llevarte a identificarte con una bandera, o un grupo, y acabar olvidando por qué estás en ese grupo, por qué sigues esa bandera. Mucha gente acaba amando unas siglas o símbolos de forma ciega. Eso es porque en algún momento esas siglas les sirvieron para vivir sus inquietudes, pero se acabaron olvidando de que las banderas, al igual que las relaciones o cualquier tipo de proyectos no son más que herramientas, medios, cuyo fin es ayudarnos a sacar lo mejor de nosotros, ayudarnos a desarrollarnos como personas.

El sentimiento de gratitud que guardamos hacia ciertos proyectos puede hacer que nos sintamos apegados a ellos. Si yo he tenido una relación con una persona que me ha permitido vivir momentos inolvidables puedo caer en el error de pensar que esa persona es imprescindible para mí, y decirle: "Estaré siempre contigo pase lo que pase". Realmente no sé si en el futuro ese proyecto de relación me servirá para seguir viviendo lo mejor de mí, puede que llegue un momento en que yo cambie, y mis aspiraciones cambien. El problema surge si yo me siento apegado a esa persona y pienso que debo permanecer con ella pase lo que pase solo por el hecho de que en algún momento ese vínculo que hemos tenido me ha servido. Debemos aprender a modificar y a dejar atrás proyectos teniendo como brújula nuestro motor natural de movimiento. Aprender a desapegarnos de aquello que ya no nos sirve.

Yo seguiré teniendo ese movimiento, ese fuego interno que me impulsa a buscar la justicia social, la libertad humana, independientemente de lo bien o lo mal que le vaya a este o a aquel partido político, independientemente de lo bien o mal que salga un proyecto concreto u otro.

Ese segundo ejemplo que he puesto coincide con mi caso particular. Yo soy capaz de identificar en mí una motivación que puedo nombrar como "anhelo de justicia". Ese es el nombre que he encontrado para ella. Sin embargo ocurre que las motivaciones nunca se pueden especificar o definir de una forma muy concreta o explícita, puesto que son algo ambiguo y dúctil que se transforma constantemente.

En cambio los proyectos deben ser concretos y tener una planificación mínimamente calculada. El único lugar desde el cual puedo saber si voy o no por buen camino es el de la práctica, viviendo proyectos concretos y observando cómo me siento en ellos. En un principio puedo definir mi motivación de forma ambigua y diseñar mi proyecto en base a eso, pero debo estar abierto a modificarlo en función de lo que vaya descubriendo y de las emociones que vayan surgiendo en mí.

Supongamos que encuentro un partido político con el que vibro. Si al cabo de un tiempo siento que no estoy a gusto en ese partido, me paro a respirar, observo cómo me siento, me escucho a mí mismo. Quizá descubra que ese proyecto debe ser alterado, quizá puedo probar a entrar en otro partido, o quizás debo cambiar radicalmente de planes y dejar de lado la política. Puedo quizás escribir mis ideas acerca de la justicia en un libro, o crear una asociación de algún tipo, etc. En cualquier caso estaré adaptando mi proyecto a mi motivación. Hay muchas posibilidades distintas para rediseñar nuestros proyectos, por no decir infinitas.

Por otro lado, si yo cometo el error de dar valor solamente a los proyectos concretos corro el riego de infravalorar mis motivaciones. Un proyecto concreto es susceptible de fracasar, y si fracasa posiblemente yo me sentiré desmotivado, pero me sentiré desmotivado porque yo mismo me habré alejado de mi motor de movimiento, no porque éste haya desaparecido. Nuestras motivaciones no pueden fracasar, nuestros proyectos sí.

La búsqueda de reconocimiento

Es común pensar que algo nos motiva y posteriormente descubrir que lo que hay detrás es una búsqueda de reconocimiento. Buscar reconocimiento es una motivación respetable, no se trata aquí de juzgarla como mejor o peor. De lo que se trata es de no confundirnos. Para ello es importante que seamos sinceros con nosotros mismos.

Un ejemplo de este error es el primer caso que antes he puesto, el del perro. Otro ejemplo puede ser el de una persona que ayuda a los pobres porque piensa que le motiva acabar con la pobreza y en el fondo lo que busca es un reconocimiento por parte de la sociedad, amigos, familia, etc. Otro ejemplo podría ser el de alguien que elige dedicar mucho tiempo y energía a cuidar su imagen sin saber que en el fondo lo que busca es complacer a los demás.

Si bien pienso que la búsqueda de reconocimiento es una motivación legítima y respetable, tengo que decir, por otro lado, que no creo que sea una motivación del todo sana cuando se da de cierta manera. Obtener el reconocimiento de los demás es agradable y positivo para un ser humano, pero necesitar el reconocimiento como forma de suplir un vacío suele ser consecuencia de una herida emocional. Un niño necesita de forma natural el reconocimiento de sus padres, y si no lo recibe, o lo recibe de una forma condicional, vive su vida adulta buscando aprobación incesantemente. Dar reconocimiento condicional a un niño significa decirle: "Te quiero si...", "te quiero si eres bueno", "te quiero si cumples mis expectativas", etc. Una persona que se ha sentido querida y reconocida incondicionalmente por sus padres en la infancia no busca el reconocimiento como una necesidad, puesto que se siente segura de sí misma. Necesitar el reconocimiento de los demás siendo adulto es señal de tener miedo: miedo a no ser valioso, miedo a no ser querido, miedo a no ser suficiente, etc. Más que una motivación real sería una forma de huir del dolor, de un sentimiento de vacío, fruto de una carencia afectiva.

Como acabamos de ver, se pueden confundir las motivaciones con mecanismos de huida del dolor. Intentamos evitar cosas que nos duelen y para eso a veces elegimos llevar a cabo ciertos proyectos que en absoluto nos gustan. Lo que realmente buscamos cuando hacemos eso es ponernos a salvo, evitar sufrimiento. Es muy "cómodo" hacer lo que hace todo el mundo y no cuestionarlo, puesto que así evitas el rechazo y el enfrentamiento con tus semejantes. Pero ese camino de sumisión tiene el precio de hacerte renunciar a tu autenticidad.

Pistas para identificar nuestras motivaciones propias

Existen algunas pistas que pueden ayudarnos a identificar los verdaderos motores de nuestro movimiento. Son pistas para identificar cuándo una motivación es auténticamente nuestra, más allá de miedos y esquemas, más allá de lo que nos hayan enseñado acerca de lo que es bueno o malo. Intentaré ahora mostrar algunas de ellas.

1. Jugar

Si la motivación es auténtica nos hace jugar, nos alegra. Cuando actuamos desde una motivación real sentimos incluso cierta excitación. Esa sensación de vitalidad es la que tiene los niños constantemente. Ellos de forma natural viven desde el juego, y lo hacen porque les divierte, desde el disfrute. Jugar implica creatividad, ilusión, aprendizaje, y mucho más. Jugar implica poner en práctica aquello que nos convierte en seres humanos. Los adultos, dada la educación que hemos recibido, hemos relegado el juego al olvido. Solo nos permitimos jugar en momentos puntuales. A veces miramos a los niños con nostalgia y con cierta envidia: "Ojalá volviese a ser niño". ¿Qué es lo que envidiamos de los niños? Que viven jugando, que viven desde el disfrute, sin miedo. ¡Vivamos los adultos jugando y sin miedo! Dada nuestra educación cualquier adulto te diría que la infancia está para jugar, pero que la vida adulta, sin embargo, es mucho más dura. Yo pienso que la vida adulta es muy dura solo en el caso de que te dejes convertir en un esclavo.

2. Fin en sí mismo

Otra de las pistas que pueden servirnos para identificar una motivación real es que cuando la vivimos tiene para nosotros sentido en sí misma, y no como un medio para conseguir otra cosa.

Ejemplo:

Hace unos años leí que unos médicos habían publicado un artículo en el que afirmaban que las personas que se daban muchos abrazos disfrutaban de una salud mejor que las personas que son distantes afectivamente. Los seres humanos nos damos abrazos porque eso sale de nosotros de forma natural. Normalmente no lo hacemos para obtener otro fin más allá del propio abrazo. Cuando un niño tiene una muestra de cariño hacia su madre no está pensando en qué puede conseguir con ello. Ahora estos médicos dicen que dar abrazos es bueno para la salud. Seguro que dar abrazos es bueno para la salud y para mil cosas más, pero no es algo que hagamos con ese objetivo, sino que lo hacemos porque nos sentimos impulsados a ello de forma natural.

Esa es la sensación que acompaña a nuestras motivaciones propias. Pero además ocurre algo curioso, y es que actuar desde las motivaciones propias es la mejor manera de conseguir objetivos posteriores, y de que los proyectos tengan buenos resultados de facto. En este ejemplo que he puesto de los abrazos podemos ver cómo aquello que nos sale de forma natural resulta lo más provechoso y útil en muchos sentidos. Fijémonos de nuevo en el fenómeno del juego. Cuando un niño juega no piensa en lo útil o inútil que eso será. Sin embargo, curiosamente, es jugando cuando más aprende, cuando más desarrolla sus potencialidades.

Teniendo en cuenta que las motivaciones reales se viven como un fin en sí mismo, ¿qué podríamos decir del dinero?

Mucha gente piensa que su motivación es conseguir dinero, pero cuando les preguntas para qué quieren dinero te dicen que es para comprar cosas. Por tanto aquello que les mueve no es el dinero en sí sino aquellas cosas que podrían comprar. El dinero es un medio para conseguir algo, y no un fin en sí mismo.

En mi caso, yo antes pensaba que la posibilidad de ganar mucho dinero era algo que me motivaba. Sin embargo he descubierto que en realidad mi aspiración era tener suficiente dinero para no preocuparme por mi subsistencia. Con lo cual era el miedo que tenía a quedarme sin recursos lo que me hacía aspirar a ganar mucho dinero. Era la desconfianza la que me impulsaba. El miedo, como hemos visto, es lo que hace que las personas se distancien de sus motivaciones.

Desde mi punto de vista el dinero en nuestra sociedad, en muchos casos, funciona como una droga. Cuando estás lejos de tus motivaciones tienes, en cierto grado, un sentimiento de frustración, de vacío. La adicción a algo (a lo que sea) te ayuda a olvidar ese malestar, a huir del problema. Las adicciones te pueden dar una sensación placentera pasajera, pero te alejan más aún de ti mismo y de recuperar tu poder sobre ti. Planificar tu vida enfocándola hacia la búsqueda de dinero te mantiene en una insatisfacción constante. Nunca tendrás suficiente dinero para saciarte, al igual que ocurre con cualquier drogadicción. Sin embargo, conseguir dinero con el fin de usarlo como instrumento, que es para lo que está realmente, es vivir el dinero sanamente.

3. Sentirte útil

Otra de las pistas que tenemos para saber que hemos localizado una motivación propia es que al vivirla nos sentimos útiles. No me refiero a útil en un sentido superficial, sino al sentimiento de tener algo valioso que aportar al mundo. "Haciendo esto siento que he encontrado mi lugar en el mundo, mi vocación". Algo que sentimos muy nuestro, muy propio de nosotros. Contrariamente, cuando hacemos algo solo por dinero o para conseguir una recompensa no nos identificamos tanto con ello.

Por ejemplo si yo estudio historia para tener buenas notas en clase, probablemente memorice lo que tenga que memorizar y estaré contento con el resultado académico obtenido. Seguramente muchas de las cosas que me haya aprendido de memoria las olvidaré. En cambio, si aprendo historia desde un interés propio, y no para obtener un título académico, ya la cosa cambia. Pongamos por caso que me intereso mucho por la segunda república española. Mi proyecto de conocer y aprender acerca de ella será un proyecto que tendrá sentido para mí en sí mismo. Aprenderé mucho más y más rápido que si lo hiciese por obligación, y seguramente no olvidaré fácilmente lo que haya aprendido. Pero lo importante, a lo que vengo a referirme ahora, es al sentimiento de "esto tiene sentido para mí". Es como una sensación de que las cosas están en su sitio y de que todo está bien en el momento presente. Mientras que cuando actuamos desde un proyecto impropio la sensación que nos acompaña es la de estar esperando algo, o de estar huyendo de algo.

4. La coherencia de las motivaciones

Cuando son auténticas nunca se contraponen ni se contradicen unas a otras. Éstas, en su conjunto, forman un sistema coherente y armónico. Esto es muy difícil de entender dada la cultura en la que vivimos. Nos han enseñado que el ser humano es un cúmulo de impulsos contradictorios y de pulsiones destructivas que tenemos que controlar desde la razón para no volvernos locos ni convertirnos en salvajes. Esto tiene que ver con esa desconfianza hacia la naturaleza humana de la que hablábamos antes. Las personas no somos un caos, sino que somos como los árboles. Un árbol, teniendo unas condiciones sanas, crece de forma armónica.

Vamos a fijarnos en nuestra experiencia. Cuando intentamos identificar nuestras motivaciones encontramos un entramado lioso y contradictorio de impulsos que nos mueven hacia un sitio y hacia el contrario. Pero si observamos con claridad nos damos cuenta de que no hay tal caos. Veámoslo con un ejemplo:

Pensemos en alguien que tiene que ir a trabajar. Esta persona normalmente se enfrenta a una contradicción: "Quiero ir a trabajar pero no quiero ir" o "no quiero ir a trabajar pero tengo que ir". En principio puede parecer que a este individuo le mueven motivaciones contrarias. Pero supongamos que se sienta a escucharse a sí mismo. Supongamos que descubre que su trabajo no le motiva en absoluto y que lo ha aceptado solo porque es la única forma que conoce de alimentar a sus hijos. Ha descubierto que lo que le motiva en ese proyecto es poder alimentar a sus hijos y mostrarles así que los quiere y que se preocupa por ellos. Le cuesta mucho esfuerzo ir al trabajo porque en ese trabajo se le va casi todo el día. Además siente cierta frustración porque no le queda tiempo para dedicarse a algo que le encanta hacer: escuchar a personas con problemas y ayudarles. Esta persona disfruta mucho escuchando a gente que lo necesita, y se le da muy bien hacerlo. La gente a la que ha ayudado afirma que después de compartir con él sus problemas se siente mucho mejor. Él no piensa que esa actividad tenga mucho valor puesto que es un don con el que nació y no le cuesta esfuerzo hacerlo. Este hombre, como ya hemos dicho, se enfrenta a una contradicción todas las mañanas cuando tiene que ir a trabajar, puesto que siente que hay dos motivaciones que se contraponen en su vida. Pero lo cierto es que realmente no hay contradicción entre ellas. Me explicaré:

Hemos identificado dos de sus motivaciones: escuchar y ayudar a personas con problemas, por un lado, y el amor que siente por sus hijos, por otro. En principio vemos que no se contraponen la una a la otra. Lo que produce una contradicción en este individuo es la manera como ha creado sus proyectos, o la forma en que se ha visto obligado a hacerlo, dado su contexto socioeconómico.

Entendemos entonces que las motivaciones reales nunca se contraponen las unas a las otras, sino que forman un sistema coherente y armónico. Así, otra de las sensaciones que nos permite identificarlas es la sensación de unidad, de integridad. Es una sensación muy característica en la que experimentamos una fuerte coherencia.

IV
La naturaleza de las motivaciones

La subjetividad y la solidez de las motivaciones

Las motivaciones son algo que va cambiando a medida que les damos espacio para existir. Pero aunque se van transformando constantemente mantienen cierta coherencia y sentido a lo largo del tiempo. Son como una canción: hay un cambio constante en la melodía pero se mantiene una armonía, una coherencia de sentido que embellece cada compás a cada golpe de percusión.

Cada vez que nos acercamos a una, ésta crece como fuego y nos invita a bailar. Si correspondemos a ese baile podemos ver cómo se va transformando y nos va transformando a nosotros mismos. Lo que en un principio habíamos nombrado por ejemplo como "gusto por la naturaleza" se convierte en "gusto por la permacultura". Dejarnos llevar por ese baile implica cierto ejercicio de pasividad, de escucha. Implica confiar en la vida, y dejar de intentar controlarla.

No podemos enumerar nuestras motivaciones de una forma exacta, haciendo una lista categórica. Sin embargo sí que es bueno nombrarlas, definirlas aunque sea mínimamente, para así empezar a relacionarnos con ellas. Ocurre igual que con la improvisación artística: Lo importante no es tanto entender cada paso, sino mantener la inspiración, el ritmo. Mantener el fuego encendido.

En cierto modo podemos pensar que las motivaciones no son más que el anhelo de nuestras capacidades por expresarse, por desarrollarse. Si nos fijamos podemos ver que siempre desarrollar una motivación implica desarrollar una capacidad. Aquel a quien le motivan las matemáticas descubre paralelamente su capacidad para las matemáticas, por ejemplo. Una semilla tiene el impulso de crecer porque tiene un fruto que ofrecer al mundo. Las personas, por el simple hecho de existir, traemos un regalo a la existencia. Las motivaciones podríamos entenderlas como aquello que nos impulsa a entregar ese regalo.

El amor como primer motor

Es curioso que cuando empiezas a descubrir tus motivaciones auténticas te das cuenta de que todas tienen algo que ver con el amor. Cuando somos capaces de observarlas en profundidad vemos que todas guardan un sentimiento de amor en su base. La rabia, el odio, la avaricia son emociones que, observadas con calma, siempre esconden detrás un movimiento de amor bloqueado que se intenta expresar. Se podría decir que la rabia y ese tipo de sentimientos negativos son en realidad amor estancado, movimiento de vida que ha sido anulado y reprimido. Cuando una persona que siente rabia tiene la oportunidad de expresarse y de desbloquear esa emoción, lo que encuentra detrás son necesidades y aspiraciones que habían sido reprimidas. Los seres humanos solo atacamos cuando sentimos miedo o frustración, es decir, cuando sentimos la necesidad de protegernos o desahogarnos.

Pero ¿qué es el amor? ¿Qué significa vivir desde el amor?

El amor es movimiento. La vida de forma natural fluye. Lo contrario al amor es el miedo, el cual genera bloqueo. El miedo estanca el movimiento y enfría la vida. Y ese estancamiento es lo que produce la enfermedad. La salud se da en nosotros cuando permitimos el movimiento de la vida. Una persona sana emocionalmente vive en la fluidez, en la vitalidad, en la iniciativa. Una persona enferma emocionalmente no puede tirar de sí misma y transmite una imagen de debilidad y bloqueo. En la persona infeliz aparece la pereza, el aburrimiento, la huida de sí misma, la enfermedad.

Podríamos comparar el funcionamiento de la vida con el de un río. Mientras el río se mantiene en movimiento de forma fluida, su agua es transparente y limpia. En el momento en que el agua del río se estanca se empieza a pudrir.

El amor es el gran motor que dinamiza todas las motivaciones. Hay quien llama "dios" a ese motor originario que es el amor. Aristóteles lo llamó precisamente el motor inmóvil que todo lo mueve.

Las motivaciones nos hacen vibrar

Las motivaciones nos impulsan, nos movilizan, pero ¿hacia qué me movilizan? Existen tres respuestas diferentes. Pueden impulsarnos hacia:

1. Tener algo, en el sentido de poseer algo: "Me motiva tener o conseguir un balón de fútbol, o un coche"; 2. Hacer algo, es decir, hacia la realización de actos y acciones: "Me mo-

tiva jugar al fútbol"; 3. O también pueden impulsarnos hacia ser algo: "Me motiva ser futbolista".

Aparentemente existen esas tres posibilidades: tener, hacer, o ser. Pero realmente todas se reducen a una: la existencia. Todas nos impulsan hacia existir de una determinada manera. Si yo me siento motivado por tener una guitarra es porque con ella puedo hacer algo, que es tocar la guitarra, y si disfruto haciendo eso es porque me hace vivir cierta experiencia. Al tocar la guitarra disfruto y soy uno con la música, me convierto en parte de esa actividad. Por tanto mi modo de existir cambia cuando toco la guitarra. Por un momento mi existencia adquiere un sentido concreto: me convierto en música, en parte de una canción. Esa forma concreta de estar en el mundo en la que me siento motivado determina mi verdadera identidad. Como si fuese mi vibración auténtica.

Yo existo de una u otra forma dependiendo del sentido que tenga para mí lo que hago, lo que tengo, y en definitiva lo que estoy siendo en mis proyectos. En esas situaciones en las que estoy desmotivado no es que deje de ser quien soy, sino que mi modo propio de existir está dormido o ausente, como apagado.

Por tanto, como acabamos de ver, las motivaciones propias ante todo nos hacen ser quienes realmente somos, vibrar de una forma auténtica y natural. Pero no nos confundamos, no se trata de un destino que nos dirige hacia un fin determinado. Más bien son música que surge de nuestro interior, nos invita a bailar y a que nosotros mismos le pongamos la letra.

Respetar lo que somos

Las motivaciones propias son algo con lo que nacemos y que no podemos elegir. Son características de cada individuo, aunque puedan coincidir o parecerse entre diferentes personas. Nadie puede elegir qué le motiva, de la misma manera que nadie puede elegir de quién se enamora. Podemos intentar desarrollar o no el gusto por algo, mantener unos hábitos u otros, dar valor a unos proyectos o a otros. Podemos ignorar o desarrollar nuestras motivaciones, pero lo que no podemos es crearlas a nuestra voluntad.

En la escuela muchos recordamos cómo se nos intentaba motivar para estudiar más. Había, y hay, muchas técnicas para intentar que el alumno se interese por el temario académico. También ocurre lo mismo en ciertas empresas en las que se intenta motivar a los trabajadores para que sean más eficientes. Es absurdo pensar que podemos crear o destruir motivaciones en una persona a nuestra voluntad, de la misma forma que es imposible que de la semilla de un álamo crezca un pino.

"Conócete a ti mismo". Esta es una frase renombrada por los sabios. ¿Qué significa? Significa saber de qué estás hecho, qué es propio de ti, cuáles son tus capacidades, cuáles son tus aspiraciones, tus miedos, etc. Qué cosas te definen auténticamente y cuáles son impuestas externamente. Conocerme a mí mismo significa saber cómo sería yo sin esos condicionamientos externos que me limitan. Después de conocer quién soy auténticamente es cuando puedo serme fiel, cuidarme. Hacerme responsable de esas semillas que llevo dentro.

Recordemos el símil del río. Para mantener el agua transparente no tengo más que permitir que fluya. No necesito echarle agua al río, sino solo evitar que se estanque. Permitir que el río sea lo que es.

Pensemos en nuestro cuerpo. Nuestro cuerpo está estructurado de tal manera que le son propios ciertos movimiento y no otros. Por ejemplo, mantener la espalda recta al estar sentados es más propio y natural de nuestro cuerpo que sentarnos torcidos, con lo cual es más sano sentarnos con la espalda recta. Esa, por ejemplo, es una norma que nuestro cuerpo nos impone dada su naturaleza. Respetar los horarios de sueño es otra de las normas que éste nos demanda cumplir. El precio de no respetar esos principios naturales de nuestro cuerpo es que enfermamos: dolores de espalda, cansancio, etc.

Pero además, cuando consigues alinearte con tu cuerpo, es decir, vivir de acuerdo con esas reglas, todo te resulta más fácil. Si gritas o cantas forzando la garganta y no sacas la voz usando bien el diafragma te resultará más difícil, y con el tiempo se te estropearán las cuerdas vocales. Actuar sin respetar nuestra naturaleza nos hace vivir en una contradicción, en una constante fricción contra nosotros mismos.

Pero si esto es cierto, si vivir dando la espalda a nuestra naturaleza es más costoso, ¿por qué lo hacemos? Si cantar forzando la garganta conlleva más esfuerzo y es menos sano ¿por qué entonces la mayoría de la gente no saca la voz desde el diafragma? Porque la mayoría de la gente no sabe cómo se hace. Si nunca nadie te ha enseñado a usar tu instrumento de voz ni siquiera piensas que haya otra forma de hablar o de gritar. Hasta ahora no hemos sabido otra forma de hacer las cosas, así de sencillo.

En artes marciales aprendes a dar un puñetazo respetando la estructura de tu cuerpo. Un golpe no se da solamente con la fuerza del brazo, sino que empieza en las piernas, aprovechando la cadera, etc. De esa manera es todo tu cuerpo al completo el que de forma armónica actúa. El resultado de golpear así es un mayor efecto externo, con menor necesidad de esfuerzo, y mayor prevención de lesiones.

Estos ejemplos que he puesto sobre cómo funciona nuestro cuerpo y cómo se puede o no respetar su dinamismo natural nos sirven para entender lo siguiente: la forma más sana de actuar en el mundo es respetando lo que somos auténticamente. Esa forma de actuar natural no es forzada y rígida sino armónica y fluida. Conectar con nuestro motor natural nos permitirá liberar la energía que hay dentro de nosotros.

V
¿Quién va a fregar los platos?

En el capítulo anterior hemos profundizado en la pregunta de "qué son las motivaciones" y "cuál es su naturaleza". En este capítulo vamos a indagar en la cuestión acerca de la relación entre el mundo, las motivaciones, y nosotros. ¿Cómo un elemento ajeno a nosotros puede acabar teniendo un efecto motivador en nosotros? La clave en este asunto girará en torno al sentido. Para que algo me motive ese algo debe tener un sentido para mí.

Limpiar un excremento, por ejemplo, es algo que a nadie le motiva. Sin embargo si de lo que se trata es de limpiar la caquita de tu bebé, la cosa cambia. En ese caso limpiar un excremento cobra un sentido, porque se trata de una acción que se engloba en un proyecto que tiene valor para ti. No es el acto concreto lo que te motiva sino el sentido que adquiere al englobarse en un proyecto determinado.

¿Quién va a fregar los platos?

Habiendo abierto esta cuestión del sentido puedo ahora plantear e intentar responder una pregunta que fácilmente puede haber surgido en el lector llegados a este punto del libro: "Si todo el mundo hace únicamente proyectos que le motivan ¿quién va a hacer aquellas labores que nadie quiere hacer?".

Labores que nadie quiere hacer... como limpiar una oficina, o fregar los platos de un hogar. Pensemos en una oficina, por ejemplo: "Alguien tendrá que limpiar la oficina para que la gente pueda trabajar allí". De acuerdo. Esa oficina forma parte de un proyecto, que es, pongamos por caso, una empresa inmobiliaria. Si esa oficina no formase parte de ningún proyecto no haría falta limpiarla porque nadie la necesitaría, ¿verdad? La pregunta que yo planteo ahora es: ¿a alguien le motiva ese proyecto de inmobiliaria? Si hay personas a las que les motiva ese proyecto querrán que esa oficina esté limpia, sentirán esa oficina como parte de su proyecto y la cuidarán con cariño puesto que esa oficina tiene un sentido para ellos. No es un habitáculo cualquiera, sino que es la oficina que forma parte de ese proyecto que tanto les entusiasma. Por tanto, problema solucionado: limpiarán la oficina aquellas personas a quienes les entusiasme dicho proyecto.

Pero ¿y si resulta que ese proyecto no motiva lo suficiente a nadie? ¿Y si la gente que trabaja allí solo lo hace para conseguir su sueldo y no tienen ninguna ilusión en el proyecto? Entonces ese proyecto no tiene sentido para las personas que forman parte de él. Nadie se siente entusiasmado por vivir ese proyecto, ni por verlo crecer, y por tanto para nadie tiene mucho sentido ver esa oficina limpia. En esas condiciones, ¿tiene sentido mantener limpia esa oficina? ¡Si a nadie le importa ese proyecto, por qué narices hay que cuidarlo!

Hay quien podría pensar: "Puesto que es cierto que nadie se siente suficientemente motivado por el proyecto como para querer limpiar esa oficina con gusto, alguien tendrá que limpiarla sin motivación y de forma obligada, porque alguien tiene que hacerlo". Mi respuesta es NO. Si ese proyecto no motiva lo suficiente a nadie es un proyecto inútil. Y las personas que se encuentran en él quizás deberían plantearse dejarlo, o bien pensar cómo empezar a darle sentido.

Mi postura es la siguiente: nadie debe aceptar labores obligadas por el simple hecho de que "alguien tiene que hacerlo". Debemos aceptar en nuestras vidas solo aquellas metas y proyectos que tengan sentido real para nosotros. Ante esta postura que yo defiendo se podría responder lo siguiente:

"Alguien tendrá que plantar los tomates que nos comemos, y alguien tendrá que limpiar el baño de tu casa. Hay cosas que nadie quiere hacer pero que necesitamos, y por eso debemos hacerlas con esfuerzo y sacrificio".

Alguien debe plantar tomates, es cierto, y alguien debe limpiar el baño, es cierto. Pensemos en estos ejemplos para entender lo que hay de fondo en estos planteamientos. Pensemos en el ejemplo de plantar tomates. A nadie le gusta trabajar 8 horas al día recogiendo tomates dejándose la espalda y cobrando una miseria, pero sin embargo yo sé de muchas personas que disfrutan mucho plantando tomates y cuidándolos en su huerto. Si no hubiese explotación a los trabajadores en la agricultura ¿a nadie le gustaría cultivar y recoger tomates? Yo creo que sí. Si los agricultores trabajasen 3 o 4 horas al día, en un proyecto suyo, diseñado por ellos, y si recibiesen todo el beneficio de su producción, sin intermediarios y, sobre todo, si fuesen personas a las que les motivase la agricultura, que las hay y muchas, ¿seguiría siendo un trabajo tan desagradable que nadie quiere hacer? Trabajar en el campo es muy sacrificado porque el producto del trabajo y el proyecto mismo no es de los campesinos. Los indios viven la agricultura de forma distinta a nosotros los occidentales. Trabajar la tierra sin explotarla y sin ser explotado es una forma de acercarte a la naturaleza, y se puede disfrutar mucho. Sin embargo trabajar la tierra y cultivar tomates se convierte en un suplicio cuando forma parte de un proyecto que no tiene sentido para ti, cuando es el proyecto de otro y tú no eres más que una máquina de producir.

Pensemos ahora en el ejemplo de limpiar el baño. Nadie quiere limpiar el baño de su casa. El cuarto de baño, al igual que la oficina de la que hablábamos antes, forma parte de un proyecto, o de muchos proyectos. Todas las habitaciones de mi casa forman parte de proyectos: un proyecto de convivencia, proyectos de fiestas, de lectura, etc. Mi habitación, por ejemplo, forma parte de mi proyecto de escribir este libro. En la medida en que mi cuarto forma parte de mi proyecto y en la medida en que eso me motiva yo me preocupo por limpiarla. Cuido mi habitación porque cuido mi proyecto de libro.

Si vivo con varias personas todas ellas formamos parte de un proyecto de convivencia. Si nadie quiere limpiar la casa es porque en ese proyecto de convivencia las personas implicadas no están motivadas. En una casa en la que todos los individuos viven un proyecto común, desde el entusiasmo, todos quieren mantener la casa limpia y cuidarla, puesto que la casa forma parte de ese proyecto común. Sin embargo en una casa en la que a nadie le importa si el baño está limpio o sucio es una casa habitada por personas desmotivadas, al menos desmotivadas con respecto a ese proyecto común.

Todo esto nos lleva a pensar lo siguiente: si queremos que una persona participe en un proyecto, como puede ser un proyecto de convivencia, un hogar, un grupo de música o incluso un Estado-nación, la solución no es obligar a esa persona a participar, ni enseñarle a participar desde el esfuerzo: "Esto hay que hacerlo y punto, aunque no quieras". La solución es invitarle y permitirle participar en el proyecto de forma que este acabe cobrando sentido para esa persona. Y esto se dará siempre y cuando le sirva para vivir sus motivaciones. Si un individuo se siente aceptado y reconocido en un proyecto, si siente que tiene capacidad para contribuir, participar y crear dentro de él, lo sentirá como suyo, y de forma natural se sentirá impulsado a cuidarlo. Si en cambio siente que su participación está marcada por la obligación percibirá que sus motivaciones no tienen lugar ahí, y dicho proyecto dejará de tener sentido para esa persona.

El valor y el sentido

¿Cuándo decimos que algo tiene valor? ¿Cuándo algo es valorado por nosotros? A veces pensamos y decimos que algo tiene valor pero en el fondo no lo sentimos así. Yo puedo decir que un documento cualquiera tiene mucho valor solamente porque lo ha dicho un abogado, pero en el fondo ese documento quizás no significa nada para mí. Algo cobra valor real para mí en la medida en que tiene sentido para mí. Ahora hazte la siguiente pregunta: ¿Los proyectos que forman parte de mi vida tienen realmente sentido para mí, o sigo en ellos solo porque alguien ha dicho que son valiosos?

Sobre este contexto vamos a plantear otra de las cuestiones que indudablemente han surgido en el lector en algún momento del libro. Ante la teoría que aquí se plantea en torno al esfuerzo y la motivación se puede pensar lo siguiente: "Independientemente de que mi trabajo me motive o no me motive tengo que hacerlo porque lo necesito para comer, por lo tanto tengo que obligarme y esforzarme". A lo que yo respondo:
- ¿Para qué quieres comer?
- Pues para poder vivir.
- ¿Y para qué quieres vivir?

Intentemos no responder rápido a esta pregunta y reflexionemos. ¿Para qué queremos vivir? Intentemos no dar una respuesta rápida del tipo: "Porque los seres vivos intentan sobrevivir instintivamente". Preguntémonos individualmente: ¿por qué quiero yo seguir viviendo este proyecto que es mi vida? Los seres humanos tenemos la opción de acabar con nuestra vida si no queremos vivirla, con lo cual todas las personas adultas que seguimos con vida en este momento hemos decidido mantenernos con vida. Pero, ¿por qué nos mantenemos con vida? ¿Realmente nos compensa? ¿Me motiva vivir, o decido seguir vivo simplemente porque me da miedo la muerte?

Espero no haber entrado en un terreno demasiado filosófico o abstracto, no me gustaría que ningún lector perdiese el hilo. Lo que quiero decir es lo siguiente: nuestra vida en sí misma es un proyecto, y en ese proyecto que es nuestra vida ocurre como en todos los demás proyectos en los que nos encontremos: o bien estamos en ellos desde la motivación y el entusiasmo, o bien nos mantenemos en ellos por miedo. Se trata del mismo miedo en un sitio y en otro: miedo a lo que podamos perder, miedo a lo desconocido, miedo a la pérdida de sentido. Tenemos miedo al sin-sentido.

¿Por qué nos da miedo dejar nuestro proyecto de vida en sentido literal? Es decir ¿por qué nos da miedo la muerte? Tenemos miedo a morir porque nos da miedo la nada, nos da miedo el sin-sentido. ¿Por qué nos da miedo dejar o cuestionar nuestros proyectos cotidianos? Porque creemos que ellos son los que dan sentido a nuestra vida, pero eso no es cierto. Los proyectos que ocupan nuestra vida no tienen por qué tener sentido para nosotros, como de hecho suele ocurrir.

La clave está en recuperar una capacidad muy propiamente humana: la capacidad para otorgar valor a las cosas (darles sentido). En el momento en que dejamos de buscar un criterio externo y recuperamos ese poder es cuando podemos transformar en oro todo lo que tocamos y conseguir convertir una acción simple en algo muy valioso, o una vida simple en una obra de arte. Incluso ese trabajador que no dispone apenas de tiempo tiene la opción de otorgar reconocimiento y valor a sí mismo y a lo que realmente le gusta hacer. Y ese simple paso de dignidad tiene más efecto en nuestra realidad del que solemos creer.

Usemos nuestro poder como creadores para hacer que nuestra vida cobre sentido. Hagamos de nuestra vida, como dijo Nietzsche, una obra de arte.

VI
No todo esfuerzo es negativo

A estas alturas del libro podemos afirmar que vivir desde el esfuerzo no es la opción más sana que podemos tomar en la vida, pero ¿todo esfuerzo es negativo? ¿Acaso no hay lugar para el esfuerzo también en los proyectos que nos motivan? Sí que lo hay. No tratamos aquí de demonizar todo tipo de esfuerzo. Hay por supuesto una forma sana de vivirlo sin que éste se convierta en un problema. En este capítulo vamos a diferenciar entre dos tipos de esfuerzo: por un lado está el esfuerzo sano, útil y positivo, al que hemos llamado "esfuerzo instrumental", y por otro lado está el esfuerzo enfermizo y contraproducente, al que hemos llamado "esfuerzo inerte". La pregunta que debemos hacernos no es la de si el esfuerzo es bueno o malo, sino ¿qué tipo de esfuerzo es sano y cuál no lo es? ¿Cómo puedo diferenciarlos?

Para llevar a cabo un proyecto siempre es necesario cierto tipo de esfuerzo. Éste en sí mismo no es más que una herramienta, un instrumento. El problema surge cuando este instrumento pasa a ocupar un lugar que no le corresponde y es entonces cuando se convierte en algo enfermizo.

El esfuerzo que se vive sanamente no es sino una consecuencia de la motivación. Cuando alguien se siente motivado y quiere llevar a cabo cualquier tipo de acto o proyecto necesita herramientas. Herramientas de cualquier tipo: si quieres recorrer mucha distancia necesitarás un medio de transporte, si quieres clavar un clavo necesitarás un martillo, incluso si lo que quieres es simplemente sentarte a relajarte y respirar necesitarás tus piernas, tu nariz, tus pulmones, etc. Todo eso son herramientas que pueden ser bien o mal usadas.

NO TODO ESFUERZO ES NEGATIVO

Saber dominar la herramienta del esfuerzo requiere de cierta técnica. A una persona que va al gimnasio todos los días no le cuesta apenas esfuerzo levantar 4 kilos, y sin embargo a alguien que nunca hace deporte le cuesta mucho. El esfuerzo es un arte que se aprende, y que tiene mucho que ver con el hábito y la disciplina. Una persona que está acostumbrada a levantarse temprano no requiere de mucho esfuerzo para levantarse a las 7 de la mañana; o una persona que está acostumbrada a iniciar y desarrollar proyectos disciplinadamente no precisará de mucha energía para llevar cualquiera de ellos a cabo. Dominar el arte del esfuerzo y de la disciplina nos dota de una herramienta muy valiosa y útil que nos sirve en cualquier ámbito de nuestra vida.

La pregunta ahora es si estamos usando bien esa herramienta. ¿Para qué la usamos y qué lugar ocupa en nuestra vida y en nuestros proyectos? Lo más importante que debemos saber es que el esfuerzo y la disciplina nunca deben sustituir a la motivación. Si detrás de nuestro esfuerzo no hay una motivación tenemos entonces un problema. Cuando el esfuerzo y la disciplina son usados de espaldas a nuestro motor natural de movimiento acaban perdiendo el sentido como herramientas y acaban ejerciendo como motor de movimiento artificial.

Intentar movernos desde el esfuerzo es como intentar mover un coche empujándolo con las manos. Las manos son herramientas necesarias para mover un coche, están para poner las marchas, girar el volante, etc. Si alguien intenta mover el coche con la fuerza de sus manos no conseguirá mucho, además de que se hará daño en la espalda. Diríamos que este individuo no sabe cómo funciona un coche, quizás porque nadie le ha enseñado. El coche debe estar encendido y nuestras manos deben estar en el volante. De la misma manera, en nuestros proyectos nuestro motor natural de movimiento debe estar en marcha, y el esfuerzo debe limitarse a ocupar el lugar que le corresponde.

Al poner el esfuerzo como motor de movimiento hemos convertido una herramienta en un arma contra nosotros mismos, hemos hecho que nuestras vidas se conviertan en proyectos muy bien planificados y disciplinados que se dirigen hacia ninguna parte. Hemos convertido un instrumento útil en un castigo horrible.

El esfuerzo instrumental

Vamos a ver ahora más concretamente cómo es esa herramienta, ese esfuerzo instrumental. Cuando haces ejercicio llevas a cabo un esfuerzo físico que puede ser bastante agradable siempre y cuando estés motivado. Puede que ese esfuerzo físico en cierto momento llegue a ser molesto, con lo cual estás poniendo tu cuerpo al límite. Esto en principio es sano y hace que desarrolles capacidades físicas como la musculatura, pero si esa sensación de molestia se convierte en dolor, entonces el esfuerzo deja de ser sano y se convierte en algo perjudicial para tu cuerpo.

Ese esfuerzo que no duele es el esfuerzo instrumental. Surge como consecuencia de la motivación, nos pone al límite y nos hace crecer. Ese ejemplo del gimnasio que acabo de poner tiene que ver con el esfuerzo físico específicamente, pero se puede extrapolar a otros ámbitos. Dominar el arte de la disciplina nos ayuda a sobrellevar la fatiga y a no dejar que ésta nos limite, por eso en muchos casos en los que sentimos fatiga la solución que necesitamos seguramente es la de aprender a usar esa herramienta.

Pero no cometamos el error de confundir la fatiga con otro tipo de dolencia más profunda. Si el malestar al que nos enfrentamos no es fatiga sino una clara desmotivación estaremos ante un problema que no se soluciona con disciplina ni con esfuerzo. Cuando sentimos molestia al tener que esforzarnos lo que tenemos que hacer es pararnos y preguntarnos qué tipo de malestar tenemos. ¿Siento simple fatiga o es algo más? ¿Este proyecto tiene sentido para mí? ¿Me motiva? Si más allá del cansancio lo que sentimos es sufrimiento y contradicción, tendremos que parar las máquinas y buscar dónde está el problema. La solución ante la desmotivación y el sin-sentido nunca puede ser el esfuerzo.

Si echamos poca o ninguna gasolina a un coche no importa lo buena que sea la maquinaria de nuestro vehículo, al final se parará y tendremos que empujarlo. De la misma manera, por muy bien que diseñemos un proyecto y por muy disciplinados que seamos, si éste no está sustentado en nuestras motivaciones llegará un momento en que tendremos que empujarlo con la sola ayuda de nuestra fuerza de voluntad.

Dominar el arte del esfuerzo instrumental convierte a una persona en alguien con iniciativa, determinación y disciplina. Resulta muy reconfortante poder contar con estos instrumentos a la hora de diseñar planes en nuestra vida. Siguiendo con el símil del coche, sería como tener un vehículo perfectamente equipado y preparado para cualquier viaje. Es cierto que sin gasolina no anda, pero tener el coche en buenas condiciones es ya algo con lo que puedes contar.

El instrumento como fin y no como medio

Ese error de tomar el instrumento como fin en sí mismo es muy propio de nuestra cultura. Usamos herramientas y las perfeccionamos constantemente sin tener claro cuáles son nuestros objetivos, para qué las queremos ni hacia dónde vamos con ellas. Normalmente cuando algo va mal solemos acudir a esas herramientas, y buscamos las que tienen un efecto inmediato y visible externamente.

Este error tiene mucho que ver con el valor que en occidente le damos a todo lo instrumental y técnico. Queremos que todo funcione de forma eficiente, y de tanto pensar en perfeccionar los resultados visibles nos olvidamos a veces de sentir.

Este error conlleva al menos tres problemas:

1. Por un lado, al considerar las herramientas como un fin en sí mismo acabamos haciendo que éstas pierdan su valor como tales. Imaginad que estoy en un desierto, cojo una raqueta de tenis y la muevo en el aire, sin pelota ni nada. En el momento en que yo llevase a cabo esa tontería la raqueta perdería su sentido como herramienta y pasaría a ser un objeto como cualquier otro. De la misma manera, cualquier herramienta que sea valorada en sí misma sin tener en cuenta los objetivos para los que sirve acaba perdiendo su sentido. Esto podemos observarlo mucho en nuestra sociedad. Las personas aprenden a hacer cosas, se especializan en una técnica durante años y años y se convierten en expertos, pero al centrarse tanto en desarrollar su técnica pierden de vista la utilidad y el sentido que eso pueda tener.

Un ejemplo de esto es el de la música. Mucha gente pasa largos años aprendiendo lenguaje musical, técnica instrumental, etc, hasta convertirse en expertos, pero curiosamente después muchas de esas personas se ven incapaces de improvisar melodías o de cantar espontáneamente. Digamos que son incapaces de darle sentido a toda esa técnica, y sin embargo un gitano del Sacromonte que cante flamenco y que nunca ha estudiado solfeo puede vivir mucho más intensamente la música. Y es que centrarnos demasiado en dominar el uso de herramientas hace que olvidemos la dimensión lúdica de nuestras prácticas, que es lo que realmente da sentido a nuestra experiencia. Cuando alguien aprende la técnica musical apoyado por su motivación hacia la música es cuando el aprendizaje de la técnica cobra sentido. Vivimos en una cultura en la que se nos dice: "Primero la técnica y luego todo lo demás".

2. El segundo problema es que nosotros mismos acabamos convirtiéndonos en herramientas. Al especializarnos en la técnica por la técnica nos convertimos en robots. Piezas de un engranaje con funciones concretas especializadas. "Cumple tu función, no te lo cuestiones, y si te sientes desmotivado esfuérzate". Recordemos esa imagen de Charles Chaplin en Tiempos modernos en donde se le ve dentro de la maquinaria como si el trabajador fuese una pieza más.

3. El tercer problema que se deriva de considerar las herramientas como un fin en sí mismo es que éstas acaban funcionando para nosotros como una droga. La mayoría de la gente vive bajo la frustración de haber renunciado a sus motivaciones, y ante esa frustración huimos constantemente. Hay muchas drogas que nos sirven para alejarnos temporalmente de esa sensación desagradable de vacío, como ya hemos visto. A una de esas drogas la he llamado el "falso crecimiento", la cual consiste en conseguir cosas que producen en nosotros la sensación de incrementar nuestro valor. Por ejemplo si consigo un coche más moderno siento que soy más que cuando tenía uno viejo; si muevo mis dedos más deprisa al tocar la guitarra siento que tengo un mayor valor que antes y pienso que en cierto modo he crecido en algo. Aumentamos nuestros medios buscando la sensación de ser más. En eso se basa, en parte, la sociedad del consumo.

El esfuerzo inerte

El esfuerzo inerte es el que no está sustentado en ninguna motivación, es la herramienta mal usada. Lo hemos llamado "inerte" porque en cierto sentido está muerto, desnaturalizado. Nos han enseñado a aceptarlo como si fuese algo sano y positivo. Nos dicen: "El esfuerzo es necesario en la vida", pero la pregunta sería: ¿Qué tipo de esfuerzo? ¿El que sale de mí de forma natural, o el que se me impone desde fuera? No nos confundamos, no vivimos en la cultura del esfuerzo, sino en la cultura del "esfuerzo inerte".

Aprender a discernir

Debido a la educación que hemos recibido tenemos una experiencia traumática con respecto al esfuerzo. Se nos ha enseñado a elegir entre dos opciones: o aprendes a esforzarte o eres un holgazán. Muchas personas ante esta demanda son sumisas y aceptan esforzarse, otros en cambio se rebelan, rechazan este mandato y asumen para sí la etiqueta de perezosos. Aquellos que se rebelan de esa manera ante el imperativo de esforzarse no llegan a buen puerto, debido a que mezclan todo en el mismo saco y acaban rechazando, junto al esfuerzo inerte, el esfuerzo instrumental.

Nuestro trauma con el esfuerzo nos ha hecho aborrecerlo sin distinción, y debido a eso nos hemos privado de esa gran herramienta que es el esfuerzo instrumental. La hemos rechazado por la misma razón que alguien rechaza la sexualidad tras haber sufrido una violación. Es natural, después de haberlo pasado mal, alejarnos de aquello que nos recuerda nuestro sufrimiento. Pero ha llegado el momento de liberarnos, y para ello tenemos que reapropiarnos de esa palabra, reconciliarnos con ella. Existe un tipo de esfuerzo que es sinónimo de alegría, el cual debemos reivindicar.

Nuestra iniciativa propia está bloqueada, entre otras cosas, a causa de esta confusión.

VII
El engaño
de la tierra prometida

En este capítulo vamos a hablar acerca de uno de los pilares que nos mantiene anclados en la cultura del esfuerzo inerte. Se trata de uno de los presupuestos que más fuerza tiene en nosotros a la hora de justificar y aceptar un modelo de vida basado en el sacrificio. A este presupuesto lo hemos llamado "el espejismo de la tierra prometida" o "el engaño de la tierra prometida". Se trata de una mentira que nos acompaña toda nuestra vida.

La tierra prometida

¿Hacia dónde dirijo mi vida? ¿Hacia dónde van mis proyectos? La mayoría de las personas en nuestra sociedad caminan con estrés. La gente trabaja mucho para conseguir comprarse un coche y para comprar una casa más grande, y después comprar un televisor más grande, etc. Todo el mundo se siente insatisfecho con lo que tiene y con lo que es, y camina con la ilusión de que se acerca a una situación de mayor confort: "Cuando tenga más dinero estaré mejor", "cuando tenga hijos seré feliz", "cuando mis hijos crezcan tendré más tiempo y podré viajar, y entonces seré feliz", etc. Todos caminamos como si estuviésemos acercándonos poco a poco hacia un lugar donde podremos por fin descansar. Parece como si fuésemos hacia una especie de tierra prometida, una promesa de felicidad.

Pero ¿realmente existe ese lugar? ¿Realmente mis proyectos me dirigen hacia eso? Si la respuesta es no, eso significaría que esa tierra prometida que ocupa nuestras mentes no es más que una ilusión, una quimera. Sería como una zanahoria de esas que les ponen a los caballos delante para que sigan avanzando indefinidamente.

Las personas suelen aceptar ciertas metas y objetivos en su vida sin preguntarse demasiado el sentido que estas puedan tener. No hay mucha gente que se pare a pensar si los objetivos hacia los que se dirige le harán o no feliz. Por lo general nos han enseñado a no cuestionarnos demasiado las cosas y a aceptar un camino ya trazado. ¿Por qué hemos acabado aceptando un camino marcado sin cuestionarlo? Porque, como ya hemos visto, estamos condicionados y limitados por el miedo. Es el miedo el que nos hace avanzar hacia delante sin preguntar, como a los burros, en una senda delimitada. Tenemos miedo de quedarnos sin recursos y por eso nos sacrificamos para conseguir dinero; tenemos miedo de no ser queridos y por eso nos sacrificamos para agradar a los demás, etc. Decimos: "Voy a seguir el camino que ya hay delimitado para mí, no vaya a ser que me pierda".

Vivimos acostumbrados a ese estado de tensión, pero también con la esperanza de que se acabe. Ansiamos que llegue ese momento en que podamos disfrutar de la vida sin estrés ni malestar. A esa esperanza le damos distintas formas, cada uno a su manera, en un espejismo concreto el cual situamos en un lugar futuro.

¿Cuál es la mejor forma de salir de ese estado de espera y angustia? El método que hasta ahora hemos llevado a cabo está basado en el trabajo duro. "Cuanto más te esfuerces más cerca estarás del bienestar", "en el futuro serás recompensado", etc. Cualquier persona aceptaría sufrir mientras piense que tras ese sufrimiento le espera una grandísima recompensa. Esperamos, pues, obedientes y nos consolamos pensando que habrá valido la pena esperar. Pero ¿esa estrategia que nos han enseñado es efectiva? ¿Ese método basado en el sacrificio nos sirve para alcanzar el bienestar?

No. Con ese método lo único que conseguimos es pasar toda nuestra vida sufriendo y esperando una tierra prometida que nunca llega. Fijaos en que continuamente estamos diciendo frases como estas: "Cuando consiga terminar este proyecto estaré bien por fin", "cuando termine la carrera estaré bien", y después de conseguir eso decimos: "Cuando consiga trabajo estaré bien", después: "Cuando encuentre pareja estaré bien", etc. ¿En qué momento podremos decir que estamos por fin felices? ¿En qué momento podremos decir que hemos llegado a la tierra prometida?

Ese momento nunca llega. La angustia en la que vivimos no se cura alcanzando un objetivo concreto externo, ni vendiendo nuestro tiempo y nuestra alegría a cambio de una promesa futura. Esa angustia solo se acaba cuando cambiamos nuestra forma de vernos a nosotros mismos y al mundo, y empezamos a dar sentido a nuestros proyectos y a nuestra vida, en el presente.

La rueda de hámster

Siempre que vivamos lejos de nuestras motivaciones estaremos condenados a padecer angustia e infelicidad en mayor o menor medida. Todos los objetivos y metas que podamos conseguir se reducirán a polvo. Cualquier victoria perderá su valor, cualquier logro se convertirá en nada, cualquier éxito que puedas obtener en tus proyectos solo servirá para que aparezcan nuevas metas en un proceso que se repetirá indefinidamente. Nunca serán suficientes éxitos para hacernos sentir bien, en paz. Cada vez que conseguimos cumplir ciertas metas nos sentimos aliviados, pero solamente un corto periodo de tiempo, que es lo justo para que aparezca una nueva meta. Enseguida esa sensación de alivio vuelve a convertirse en tensión y volvemos a caminar con estrés hacia nuevos objetivos. Empieza de nuevo a rodar la máquina, y así toda la vida.

A esto lo hemos llamado el mecanismo de "la rueda de hámster". Este mecanismo hace que avancemos hacia objetivos y metas que una vez cumplidos nos remiten a otros en un proceso que se repite indefinidamente. Y esto se acaba convirtiendo en una manera de vivir. Esta actitud ante la vida puede parecer absurda, pero es que cuando las personas se sienten infelices o con miedo pueden llegar a hacer cosas absurdas.

La idea, resumidamente, es la siguiente: vivir lejos de nuestras motivaciones nos condena a vivir en la infelicidad y erróneamente pensamos que podemos alcanzarla consiguiendo ciertos objetivos y metas. En tanto que estos planes surgen a espaldas de nuestras motivaciones no tienen sentido real para nosotros y por tanto no pueden hacernos felices. Todo esto hace que nuestra vida gire en torno a unas metas que se remiten unas a otras y se multiplican indefinidamente sin hacernos llegar a ningún lado. ¿Cómo podemos salir de esa "rueda de hámster"? Dejando de plantear nuestras metas como una ofrenda a un Dios lejano y empezando a dar sentido a lo que hacemos en nuestro día a día.

La tierra prometida se convierte en desierto

Pensemos en esas situaciones en las que consigues comprarte algo que es muy caro y con lo que llevas soñando mucho tiempo, por ejemplo unos altavoces de música. Llevas trabajando meses para conseguir el dinero suficiente y justificando mucho esfuerzo en vista a ese objetivo. Cuando los tienes delante, en tu casa, hay un primer momento de euforia, pero justo después surge algo que no esperabas: te sobrepasa una sensación de vacío aplastante. Es una sensación que te cae como una losa y te dice: "Bueno, ya tengo los altavoces, ¿y ahora qué?", "ahora debería estar feliz, llevo meses esperando esto". En parte me alegra haber conseguido estos altavoces, pero ahora miro a mi alrededor y me sobrecoge un silencio atronador. ¿Qué ocurre? ¿Es que no te gustan los altavoces? Sí que me gustan los altavoces, pero ahora, no se por qué, me siento vacío. Esa sensación está ahí para decirte que tu felicidad no estaba en ese lugar. La recompensa a tanto esfuerzo no produce en ti el efecto que esperabas, y la tierra prometida pasa a convertirse en desierto.

Ese vacío que ahora sientes no es algo nuevo en ti, sino que ya estaba mucho antes de comprarte los altavoces, ahora simplemente te has hecho consciente y te has encontrado cara a cara con él. Prácticamente todas las personas, al menos en la sociedad en la que vivimos, nos hemos sentido así alguna vez. Todos hemos experimentado lo que es ver cómo la tierra prometida se convierte en desierto y nos hace sentir vacíos.

La gente cuando entra en ese estado no suele detenerse a pensar. No solemos pararnos y preguntarnos a qué viene esta sensación, sino que más bien solemos ignorarla y disimular diciendo que tenemos unos magníficos altavoces de última generación. Sería raro decirles a los demás que no te sientes del todo bien, sería muy doloroso reconocer que llevas mucho tiempo trabajando y esforzándote para ahora sentirte vacío. Has conseguido tu objetivo y eso te complace, con lo cual "mejor ignoro y disimulo ese sentimiento que tengo y que no entiendo".

El espacio que hace tiempo se creó entre tú y tu fuego interior es ese vacío con el que te acabas de encontrar. Un espacio oscuro, lleno de melancolía, culpa, frustración. Llevas mucho tiempo ignorándolo y mirando hacia otro lado, convenciéndote de que vas por buen camino a pesar de lo que sientes en el fondo. Llevas mucho tiempo queriendo creer que todo tu esfuerzo, todas tus horas de sacrificio, todo ese martirio en el que vivías tenía un sentido. Pero finalmente te encuentras con un resultado que, para tu sorpresa, no te hace feliz. Más bien te hace enfrentarte a la verdad, a tu contradicción, a la gran mentira que desde hace tanto tiempo te acompaña.

Y es que una recompensa, por muy cara o lujosa que sea, no puede calmar nuestra angustia. Un éxito concreto, un buen resultado o una bonita remuneración, sea cual sea, ya sean unos altavoces, un collar de perlas, etc, no son el antídoto que necesitamos. Cualquiera de estas recompensas bien puede servirnos para disfrutar en un momento dado, pero nuestra felicidad no está ahí.

¿Qué hacer cuando la tierra prometida se convierte en desierto? El sentimiento de vacío que surge en nosotros no es algo de lo que debamos huir, no debemos ignorarlo ni mirar hacia otro lado. Esa sensación nos está diciendo algo, nos está informando. Normalmente no aprovechamos esa oportunidad, y lo que hacemos es continuar moviéndonos hacia nuevos objetivos que van en la misma línea que los anteriores. Así mantenemos rodando la rueda de hámster: "Ahora trabajaré para conseguir unos altavoces más grandes todavía, o una casa más grande donde quepan unos altavoces más grandes".

Algo parecido ocurre con el fenómeno de las vacaciones. A menudo piensas que cuando lleguen las vacaciones te vas a sentir genial y vas a hacer muchas cosas maravillosas. Trabajamos y sufrimos diariamente pensando en la recompensa que nos espera tras el periodo laboral, y cuando éstas por fin llegan aparece esa sensación de vacío y de bloqueo tan característica que te enfrenta de cara con tu contradicción, con tu desierto. De nuevo aparece esa sensación que en algún sentido ya nos es familiar, ese vacío al que estamos en cierto modo habituados, señal de que vivimos en una cultura enferma. Cuando no aprovechamos la oportunidad que ese instante nos brinda y decidimos huir de nuestro malestar corremos el peligro de caer en la resignación. Es entonces cuando nos instalamos en la pereza, la desidia, la abulia y el aburrimiento, que como ya hemos visto, son pura enfermedad. Nos sentimos bloqueados y avocados a la inacción apática. Esa resignación puede llevarnos a refugiarnos en actividades de distracción, que nos permiten aminorar nuestro malestar o aliviarlo temporalmente.

Hay otro ejemplo que también puede servirnos para entender esto y que, en mi opinión, es bastante peculiar. El ejemplo es el siguiente: Hay personas que caen en depresión justo después de ganar la lotería. Se trata de un hecho verídico, y más común de lo que cabría esperar. ¿Cómo es posible que alguien caiga en depresión como consecuencia de que le haya tocado la lotería? Por la siguiente razón: cuando tú piensas que la felicidad está en un sitio, pero resulta que al llegar ahí no te sientes feliz, se te viene el mundo encima. Se te caen los esquemas, pierdes tus referencias. "Se supone que ahora que me ha tocado la lotería debería ser feliz, y no lo soy". Ocurre lo mismo que con los ejemplos que he puesto sobre los altavoces y sobre las vacaciones: no es el hecho de que te toque la lotería lo que te hace caer en una depresión, sino el hecho de ver de frente la contradicción en la que vivías.

En el momento en que tomas consciencia de ese vacío, de esa contradicción en la que vives, es como si te dieras de frente contra una maqueta, un decorado que llevas viendo mucho tiempo y que tú pensabas que era real. En ocasiones se trata de una maqueta que llevaba toda la vida marcándote el camino. Es como aquel desdichado encadenado de la caverna de Platón que descubre la verdad de las sombras que durante tanto tiempo le han mantenido en la ignorancia.

Un autoengaño

Lo más curioso con respecto a este asunto de la tierra prometida es que se trata de un autoengaño. En el fondo nosotros mismos sabemos que no existe, sabemos que cuando consigamos el dinero para tener una tele más grande aparecerá el interés por tener un ordenador más novedoso y así indefinidamente. Elegimos engañarnos a nosotros mismos porque no sabemos otra forma de plantear nuestros proyectos diferente a la del sufrimiento, y la única forma de sobrellevar una vida así es soñando. Necesitamos soñar y creer que estamos avanzando hacia una situación en la que dejaremos de sufrir. Aceptamos el autoengaño de la tierra prometida porque lo necesitamos mientras sigamos en la rueda de hámster. Sería muy difícil para nosotros renunciar a la única esperanza que tenemos y que nos mantiene en movimiento. Si renunciásemos a esa esperanza, a esa tierra prometida ¿qué nos quedaría?

Preferimos autoengañarnos antes que reconocer lo que en el fondo sabemos, y es que tenemos miedo de empuñar nuestra vida, de llevar a cabo los proyectos que realmente nos entusiasman. Es difícil reconocerse a uno mismo que su vida está marcada por el "no me atrevo". Es más fácil aceptar el proyecto de vida que nos viene dado de serie y confiar en que el sufrimiento de hoy quedará justificado en el bienestar de mañana. "Todo el mundo ve el traje del rey, pues entonces yo también lo veo".[2]

Nuestro proyecto de vida y nuestros proyectos en general están marcados por una actitud de huída, de mirar hacia otro lado: "Ahora no estoy haciendo lo que me gusta pero voy a terminar la carrera y después ya veré lo que hago", o "cuando tenga dinero ya podré atreverme a hacer proyectos propios". Siempre es un "cuando consiga X podré hacerlo", pero ese momento esperado raramente llega.

El resultado de vivir así, en ese autoengaño, es que un día te despiertas y te ves a ti mismo con ochenta años, llevas toda la vida sirviendo como un esclavo a proyectos que no significaban nada para ti, y encima presumiendo de haberte sacrificado tanto. Fijaos en que esas personas que llevan toda su vida autoengañándose de esa manera guardan mucho rencor hacia la vida, "la vida es un valle de lágrimas", dicen. Esas personas que han vivido confundidas afirman y quieren creer que lo "natural" es llevar una vida de sufrimiento y sacrificio, y así se lo transmiten a sus hijos y nietos. Afirman con firmeza que la vida del esfuerzo es la única vida posible. Son personas que en cierto modo reniegan de la felicidad, ven la existencia como algo que hay que pasar y no como

---

[2] Referencia al cuento popular danés: El rey desnudo.

una oportunidad para disfrutar. Para alguien que lleva toda su vida viviendo así sería muy difícil plantearse la posibilidad de que realmente la vida sea algo mucho más bonito. Reconocer esto sería como admitir que todo su sufrimiento no ha tenido ningún sentido, aunque tristemente, en el fondo, siempre lo han sabido.

Distintos formatos de tierra prometida

Ya hemos visto que en esta llamada cultura del esfuerzo todos estamos en una "rueda de hámster" y, delante de nuestra rueda, dentro de nuestra jaula, tenemos una fotografía de la tierra prometida hacia la que creemos acercarnos. Sin embargo no todos imaginamos de la misma forma ese lugar. Existen distintos formatos, por llamarlos de alguna manera, de tierra prometida. En cada persona y en cada contexto cultural se da un modelo u otro. Una de las formas que puede tomar, como ya hemos visto, es la de ser rico. Otra de las formas es la de un paraíso que me espera después de la muerte. También está la tierra prometida entendida como mundo de fantasía: usar la imaginación para soñar que vives en otra realidad. Este formato se da en personas que prefieren soñar en otros mundos ficticios a vivir su propia vida. En este último caso se trata de personas que ni siquiera aspiran a llegar realmente a su tierra prometida y se conforman simplemente con soñar que son personajes de historias ilusorias. Imaginar que eres Luke Skywalker en un videojuego puede ser un buen alivio ante una vida que no te gusta.

Cualquiera de las formas que pueda tomar la tierra prometida se caracteriza por servir como huida de uno mismo en forma de autoengaño. Pero hay que decir, por otro lado, que ninguna de esas cosas en sí mismas son negativas ni enfermizas. Ni la búsqueda de dinero, ni la creencia en un paraíso, ni jugar a los videojuegos, ni las drogas psicotrópicas, etc, lo son. Todas estas cosas no son más que instrumentos, creencias, aspiraciones, y cualquiera de ellas bien puede servir para fines muy positivos y sanos. Es más, pueden servir para todo lo contrario a la huida o evasión. Lo que hace que cualquiera de estas herramientas se convierta en un problema es utilizarlas para escapar de nuestra realidad.

Empuñar la felicidad

Dejemos de mirar hacia lo lejos con melancolía y de creer en algo que no hemos visto, de agachar la cabeza ante una suerte de yugo que nos marca el camino. Dejemos de distraernos y de huir de nosotros mismos y empuñemos nuestra propia vida. Empecemos a reivindicar el presente, nuestro presente, y dejemos de una vez de creer en fantasmas ni en tierras prometidas.

VIII
El éxito y el fracaso

En este capítulo vamos a reflexionar en torno a las siguientes preguntas: ¿A qué llamamos éxito y a qué llamamos fracaso? ¿El éxito nos da la felicidad? ¿Qué relación hay entre mis proyectos y mi éxito como persona?

El éxito y el fracaso

Estos son términos relativos que refieren al resultado de nuestros proyectos. El hecho de que un resultado se defina como un éxito o como un fracaso dependerá siempre de nuestra interpretación acerca de cuáles sean los objetivos que esperemos conseguir y de cómo valoremos los resultados obtenidos.

Si por ejemplo alguien juega un partido de fútbol y lo pierde, ¿diríamos que ha tenido éxito o diríamos que ha fracasado? Pues depende de cuál fuera su objetivo. Si su meta era ganar el partido entonces su proyecto ha fracasado, pero si su objetivo era aprender, divertirse, hacer deporte, entonces ha tenido éxito. Normalmente no hay un único objetivo en torno a un proyecto sino que hay varios, de los cuales algunos son considerados más importantes que otros.

Sería interesante ahora hacernos las siguientes preguntas: ¿Somos conscientes de los objetivos que esperamos cumplir en nuestros proyectos y de las expectativas que depositamos en ellos? ¿Qué objetivos tienen más peso para nosotros y a cuáles damos más importancia?

En nuestros proyectos a veces hay metas y expectativas de las que no somos conscientes. Por ejemplo yo puedo ser consciente de que quiero ganar un trofeo deportivo pero quizás lo que busco en el fondo es que mi novia se sienta orgullosa de mí. Ignorar o confundir nuestros objetivos nos afecta a la hora de interpretar los resultados de los proyectos. Podemos pensar en un momento determinado que hemos tenido éxito pero sin embargo sentirnos frustrados e insatisfechos. Recordemos esos momentos en que la tierra prometida se convierte en desierto: "He conseguido lo que buscaba pero creo que en realidad no era eso lo que quería conseguir".

El éxito como personas

Independientemente de que mis proyectos salgan bien o mal, ¿qué necesito para poder afirmar que he triunfado en mi vida? Si nos planteamos nuestra vida como un gran proyecto ¿cuándo podríamos decir que éste ha sido un éxito?

Convencionalmente esas metas de vida vienen dadas externamente, y definen lo que es el "éxito social". Dependiendo de la cultura de la que se trate, y del papel que se nos asigne en ella (género, raza, clase social, etc), el éxito social estará determinado por unos objetivos u otros. Y ocurre a menudo que obtener éxito social no nos hace sentir felices. Este es uno de los grandes problemas de la sociedad en la que vivimos: el separar nuestra felicidad y nuestros objetivos. No tiene mucho sentido que acabemos llamando "persona exitosa" a alguien que no es feliz.

Dos niveles de éxito

¿Cómo puedo hacer que mi proyecto de vida esté enfocado hacia mi felicidad? ¿Qué tipo de éxito es el que acompaña a la felicidad? Debemos distinguir entre dos planos o dos niveles diferentes de objetivos en nuestra vida. Hay un primer plano al que he llamado "el plano trascendental" en el que se encuentra el objetivo trascendental u objetivo supremo de nuestra vida, por llamarlo de alguna manera. Este objetivo marca la diferencia entre la felicidad y la infelicidad. Consiste en mantener siempre la conexión con nuestro motor natural de movimiento. Esta meta es la brújula que debe guiarnos y orientarnos en nuestra vida y en nuestros proyectos.

Mantenernos conectados a nuestras motivaciones no significa estar siempre y en cada momento haciendo lo que nos complace, sino más bien darles a estas el valor y la prioridad que merecen en nuestra vida en la medida en que podamos y tengamos capacidad para hacerlo. La clave está en la lealtad: aprender a ser leales en todo momento a nuestras motivaciones.

Después está el segundo plano de objetivos, al que he llamado "el plano de la practicidad". Podríamos decir que en este plano se encuentran todos los demás objetivos que forman parte de nuestra vida: conseguir un trabajo, un título académico, ganar un partido de futbol, atraer a la chica que me gusta, etc.

Partiendo de aquí hagámonos la siguiente pregunta: ¿tener o no tener éxito depende de mí? En el plano de la practicidad el éxito o fracaso que pueda obtener no dependen al cien por cien de mí. No podemos controlar nuestros resultados puesto que estos dependerán de muchos factores que no están en nuestras manos. Sin embargo no ocurre lo mismo en el plano trascendental. En este caso el éxito depende siempre de uno mismo. Hay muchas cosas que no podemos elegir en nuestra vida, pero sí que podemos en cada momento optar por ser leales a nosotros mismos. En todo momento y en toda circunstancia podemos elegir qué es prioritario para nosotros. A esa lealtad acompaña un sentimiento muy gratificante que se mantiene más allá de lo que ocurre externamente en nuestra vida.

El apego hacia los resultados

Mucha gente se siente demasiado apegada a los resultados concretos (plano de la practicidad). Y esto suele deberse a que estas personas viven en el fracaso trascendental (dando la espalda a sus motivaciones). Este tipo de personas no soportan un mal resultado en su vida cotidiana. Cualquier pequeño fracaso les sirve como excusa para patalear, quejarse o deprimirse, y esto lo hacen porque necesitan en el fondo expresar la frustración existencial en la que viven. Y por otro lado dependen mucho de los éxitos concretos. Esos pequeños éxitos que consiguen en sus proyectos les alivian de su angustia, aunque solo sea durante un breve periodo de tiempo. Hacen la vez de analgésicos para su sufrimiento.

Estas personas tampoco soportan cambios ni alteraciones en sus proyectos. Necesitan ver cómo aquello que han planificado se desarrolla tal y como ellos esperan porque eso les da seguridad, y el más mínimo cambio puede hacerles sentir ansiedad. Viven en la desconexión y en la confusión, y el hecho de controlar sus proyectos les hace tener una falsa sensación de control en sus vidas. Desgraciadamente para ellos cualquier resultado en sus proyectos, ya sea éxito o fracaso, lo único que hará será reflejarles de una u otra manera el vacío en el que viven.

Sin embargo alguien que vive conectado a su motor de movimiento, y por tanto en el éxito trascendental, no necesita tener éxito en sus proyectos concretos para sentirse bien. Vive ya en la felicidad y no tiene que buscar su satisfacción en ningún otro lugar, ni requiere de ningún tipo de analgésico. Disfruta de sus proyectos como fines en sí mismos. Estos no son un mero trámite desagradable, sino un disfrute, un aprendizaje. No se angustian bajo el riesgo de obtener un mal resultado puesto que saben que no lo necesitan. Para ellos una caída no es más que una oportunidad de aprender y mejorar. Estas personas no tienen tanta necesidad de controlar, y no se angustian si ven transformarse sus proyectos porque saben que lo importante no son los resultados concretos. Una persona así es capaz de encajar perfectamente cualquier problema cotidiano, y paradójicamente mantener su éxito en cada uno de los fracasos con los que se encuentran.

Nuestra cultura nos dice: "Si tus proyectos triunfan tú serás un éxito", "tus proyectos tienen sentido si tienen un buen resultado". Yo en cambio pienso que tus proyectos tienen sentido si te hacen sentir entusiasmado, tengan el resultado que tengan. Centrarnos tanto en los resultados solo sirve para generarnos ansiedad. Además, intentar predecir el resultado no tiene sentido puesto que los proyectos están precisamente para sorprendernos, para hacernos experimentar y para que aprendamos cosas nuevas. Si pudiésemos predecir y controlar sus resultados ¿qué podrían enseñarnos? Si pudiésemos adelantarnos a todas nuestras experiencias ¿qué podríamos aprender de ellas?

Los proyectos nos enseñan poniéndonos a prueba, y por eso deben ser necesariamente impredecibles. Cuando nos lanzamos a la aventura hacia un horizonte desconocido descubrimos que somos capaces de cosas que no imaginábamos, o a veces descubrimos que somos más cobardes de lo que creíamos, por ejemplo. En definitiva, aprendemos a conocernos mejor a nosotros mismos y al mundo. ¿No os ha pasado alguna vez que el resultado de un proyecto os ha afectado, positiva o negativamente, mucho más de lo que esperabais?

Si tenemos tanta necesidad de controlar los resultados de nuestros proyectos o qué va a pasar el día de mañana es porque vivimos con miedo. La vida es una sorpresa constante y eso no tiene por qué ser malo. El miedo nos dice: "Cuanto más determinado y controlado esté el resto de tu vida menos peligro habrá", a lo que podemos responder: "Cuanto más determinado y controlado esté el resto de mi vida más aburrida será".

Esta actitud de control y desconfianza se puede ver muy bien en el caso de la paternidad. Muchos padres cuando tiene un hijo intentan planificar toda su vida incluso antes de que nazca. Eso se hace por miedo a la incertidumbre y a lo que pueda ocurrir, y se hace con la buena intención de prevenirle sufrimiento a ese niño o niña. Es normal intentar controlar y planificar ciertas cosas importantes, pero si esa actitud de control se lleva al extremo lo único que se consigue es vivir una paternidad de agobios, y procurarle al niño una infancia de agobios. Tener un hijo es un proyecto del cual sus padres pueden aprender y disfrutar mucho, pero si estos se preocupan y se empeñan únicamente en garantizar ciertos resultados en su hijo, intentarán forzar las cosas para que éste cumpla con sus expectativas (las de ellos). De esa manera estarán cerrándose a lo que ese proyecto les pueda enseñar. Forzarán a ese niño para que sea y se comporte como ellos quieren, y se perderán la maravillosa experiencia de descubrir quién es ese nuevo ser y qué puede enseñarles. Un proyecto como el de la paternidad se puede vivir desde la preocupación y la desconfianza o bien desde la confianza y el disfrute. Si confiamos en la vida y no dejamos que sea el miedo el que nos dirija podremos abrirnos al porvenir sin esperar un resultado concreto determinado.

De acuerdo, no hay que dejarse llevar por el miedo ni preocuparnos tanto por los resultados concretos de los proyectos, pero ¿qué hacemos con esa desconfianza que padecemos, con ese miedo a los malos resultados y al fracaso? El mejor antídoto contra esa desconfianza es vivir la experiencia de quiénes somos auténticamente. Familiarizarnos con nuestras capacidades nos permite aprender a confiar. "Me conozco a mí mismo y sé que puedo confiar en mí y en la vida, no necesito buscar la seguridad en otro lugar". Conocer quién soy en realidad, ahí es donde está el verdadero éxito y seguridad.

La importancia de concretar

Ya hemos visto que lo que nos hace vivir en el éxito trascendental, y por tanto en la felicidad, no son los logros que pueda obtener en el plano de la practicidad. Entonces ¿para qué sirven los proyectos? ¿Para qué sirve concretar en lo práctico?

Los proyectos son medios o "excusas" para experimentar, aprender, jugar. La vida es un gran proyecto en el que se nos brinda la oportunidad de saborear, respirar, tocar y crear realidades. Hay mucha diferencia entre conocer algo a nivel teórico y experimentarlo.

El plano de la practicidad es un gran escenario en el que se nos presentan situaciones, problemas, diferentes contextos, que nos brindan la oportunidad de elegir y ser lo que queramos ser. Todo este entramado teatral que es el plano de la practicidad está para invitarnos a atrevernos, ¿atrevernos a qué? A vivir desde el sentido y a dotar de sentido el mundo.

La palabra proyecto viene del latín "proiectus": pro (hacia delante) y iectus (lanzar). Proyectar es lanzar hacia adelante.

Un proyecto es una extensión de nosotros mismos hacia fuera. Los seres humanos vivimos proyectados hacia más allá de nosotros mismos, hacia otros mundos posibles, hacia otras posibilidades. El ser humano es el único animal capaz de abstraerse de lo inmediato para imaginar y crear algo que aun no existe.

Los éxitos y fracasos relativos

Habitualmente consideramos un fracaso como algo muy negativo para nosotros, pero si lo pensamos bien, ¿cuántas veces un fracaso no nos ha ayudado a tomar consciencia de algo? ¿Cuántas veces no nos ha servido tropezarnos para darnos cuenta de que íbamos por el camino equivocado? Un fracaso puede convertirse en éxito si lo utilizamos en nuestro favor y sabemos posicionarnos con respecto a él. La crisis económica que vivimos en la actualidad, por ejemplo, conlleva mucho sufrimiento, pero ¿no se convierte también en una gran oportunidad para replantear nuestro mundo? ¿Acaso no nos está sirviendo para darnos cuenta de que no íbamos por buen camino? A veces perder todo lo que tenemos nos puede servir para atrevernos a construir proyectos nuevos con los que llevamos tiempo soñando pero que no nos atrevíamos a llevar a cabo; a veces el hecho de fracasar nos hace perder el miedo y eso puede ser el mejor regalo del mundo.

Paralelamente consideramos el éxito en nuestros proyectos como algo positivo, pero sin embargo a veces el éxito puede tener un efecto negativo en nosotros: puede provocar que nos acomodemos demasiado en una posición fija y en un plan de vida en el cual quizás no seamos del todo felices. Es más fácil dar un vuelco a nuestra vida cuando hemos tocado fondo que cuando nos nutrimos de las pequeñas dosis de alivio que nos otorga nuestra zona de confort.

IX
Neurosis, libertad y esfuerzo soberano

Las motivaciones y el miedo

Podemos decir que hay dos fuerzas que mueven a los seres humanos: las motivaciones propias por un lado y el miedo por otro.

Los niños viven sus motivaciones de forma natural y fluida, y las seguirían viviendo así en su vida adulta si no fuese porque en cierto momento aparece el miedo. El miedo es una emoción que surge en nosotros con el fin de protegernos, y no es algo negativo en sí mismo. El problema surge cuando éste nos domina, cuando dirige nuestras vidas y cohíbe nuestra libertad.

El miedo es algo que nos impulsa, nos dinamiza. Activa en nosotros un sistema automático de defensa que está diseñado para no dejarnos pensar. Funciona de forma instintiva, y nos hace reaccionar mecánicamente, de manera inconsciente. En el momento en que ese mecanismo automático domina nuestras vidas es cuando dejamos de ser libres. Sin embargo, si no nos dejamos dominar por el miedo podemos hacer de él una herramienta a nuestro servicio.

Neurosis y enfermedad

Cuando una persona ha renunciado a sus motivaciones vive en una especie de neurosis constante, una división interna. Dentro de sí hay una lucha de fuerzas contrapuestas e irresolubles. Por un lado tiene la voz del miedo, que le dice:

"Debes mantenerte en tu zona de confort y seguridad", y por otro lado tiene la voz de sus motivaciones que le invitan a cambiar las cosas.

Esa neurosis nos mantiene fraccionados a nivel interno y viviendo en una constante contradicción que se expresa en situaciones diarias en las que decimos cosas como estas: "Quiero hacer este proyecto pero en el fondo no quiero", "quiero seguir con mi pareja pero siento que no quiero", etc. Mi cuerpo, mis emociones, y mi voluntad se mantienen así en constante conflicto. Esa división interna es una enfermedad, una neurosis patológica. Y es que ignorar nuestras motivaciones conlleva necesariamente enfrentarnos a nuestra propia naturaleza.

Esa lucha que libramos habitualmente contra nosotros mismos supone un gasto muy grande de energía. En el momento en que damos la espalda a nuestro motor natural de movimiento no solo nos privamos de su impulso y energía, sino que además conseguimos que esa fuerza se vuelva en contra nuestra. Esas motivaciones gritan para ser escuchadas, nos llaman, boicotean nuestros proyectos como diciéndonos: "Permíteme existir". Supone por tanto un esfuerzo añadido para nosotros el mantener bloqueadas esas motivaciones para que no estorben en nuestros proyectos. Aquel que tiene que ir a trabajar y siente pereza no solo está carente de fuerzas porque no le motive su trabajo, no solo tiene que valerse de esfuerzo inerte para levantarse de la cama, sino que además tiene que contener forzosamente su impulso de vida y sus ganas de hacer otras cosas.

En nuestra cultura occidental estamos tan acostumbrados a vivir en esta neurosis que ya ni siquiera la consideramos como algo patológico. No estamos hablando de un problema menor, sino de una enfermedad, con todas las letras. ¿Por qué defino esta neurosis como una enfermedad? En la medicina oriental se concibe la enfermedad como división, se considera que cuando una persona desarrolla una enfermedad mental o física es porque vive en una contradicción y división internas. Negar nuestros sentimientos, bloquear nuestras emociones, no escuchar a nuestro cuerpo, y actitudes de ese tipo producen en nosotros una desarmonización, que acaba explotando por algún sitio y derivando en patologías mentales y físicas. La buena salud, en la medicina oriental, se asocia a la coherencia y armonía internas. Estar alineado con uno mismo, vivir de forma coherente con tu modo natural de ser es sinónimo de estar sano.

El camino de la libertad

Las personas podemos elegir libremente nuestras vidas, pero esa misma libertad puede ser usada por nosotros mismos para hacernos más o menos libres. O dicho de otra forma: hay decisiones que al tomarlas nos esclavizan y otras que en cambio nos liberan. Si yo elijo tomar un camino que es contrario a mi modo propio de ser estaré condenándome a la neurosis, a la contradicción y a la infelicidad, y por tanto estaré eligiendo ser esclavo. Dado que nuestro motor natural de movimiento forma parte de nuestra naturaleza podemos decir que estamos condenados a escucharlo.

Por otro lado, ser libre significa poder elegir libremente entre distintas opciones, para lo cual es necesario saber que éstas existen. Yo no puedo elegir una opción que ignoro, y por tanto no soy libre para tomarla ¿verdad? Pues bien, preguntémonos: ¿cuánta gente conoce un modo distinto de hacer las cosas que no sea a través del sacrificio y el esfuerzo inerte? Más bien poca.

Pero existe además otro factor que influye en nuestra libertad, o mejor dicho en nuestra carencia de libertad: el miedo. Si tenemos una opción posible, que conocemos, y no nos atrevemos a tomarla a causa del miedo, ¿somos realmente libres para elegirla?

La esclavitud se basa por tanto en dos cosas: la ignorancia y el miedo. Es esclavo aquel que, o bien no conoce las distintas opciones que puede elegir, o bien toma sus decisiones condicionado por el miedo.

¿Yo soy libre? ¿Yo soy esclavo del miedo? Quizás pienses: "Yo no vivo con miedo, yo hago las cosas porque quiero". Si es así pregúntate: ¿Qué sensación te produce la posibilidad de vivir tu vida desde ya en base a tus motivaciones? Si no sientes temor ni encogimiento de ningún tipo te felicito, si en cambio sientes cierta sensación de tensión eso significa que todavía puedes ser al menos un poco más libre de lo que eres ahora.

Aquellos que vivimos nuestra vida condicionados por el miedo debemos saber que la forma en que éste nos afecta puede ser muy sutil. ¿De qué manera actúa en nosotros? No es fácil reconocer que vives desde la inseguridad, puesto que reconocerlo te hace mostrarte vulnerable ante los demás. La mayoría de las personas se autoengañan diciendo que son libres. Y es que precisamente nos hacemos más esclavos del miedo en la medida en que lo negamos y no lo reconocemos. De esa manera vivimos sobre una mentira.

Cabe volver a preguntarnos ¿por qué es enfermo vivir desde el esfuerzo y el sacrificio? La palabra enfermar, si nos fijamos, tiene raíces comunes con la palabra "fermar" (cerrar). El que está enfermo está encerrado en cierto sentido, la sociedad del esfuerzo nos mantiene en-fermados ¿Cómo hemos podido aceptar como válida una forma de vida que nos quita la libertad? Lo hemos aceptado por miedo, y el miedo es por tanto la clave para comprendernos.

El esfuerzo soberano

Hemos visto que para ser libre necesitamos dos cosas: conocer las distintas opciones que podemos tomar, por un lado, y superar el miedo por otro. También sabemos que para que los miedos no nos dominen tenemos que ser conscientes de ellos y conocerlos. Pero ¿qué pasa cuando no somos capaces de dar ese paso? ¿Qué pasa cuando no somos capaces de acercarnos a nuestros miedos porque estos nos paralizan? ¿Qué pasa cuando el miedo nos domina?

Muchas veces sabemos cuál es el camino que queremos tomar pero no nos atrevemos. A veces, incluso habiendo identificado los miedos que nos limitan no somos capaces de dar el primer paso. ¿Qué necesitamos llegados a este punto? La valentía. En tanto que es la inseguridad lo que nos mantiene bloqueados, para salir de ese agujero necesitamos hacernos valientes, pura y simplemente.

Pero ¿cómo puedo hacerme valiente ante un miedo que me inmoviliza y me supera? Mediante esfuerzo, y ¿qué tipo de esfuerzo?, el "esfuerzo soberano". Así es como hemos llamado al acto heroico que debemos hacer para enfrentarnos al miedo. Este no es más que el empujón que debemos dar para salir del cascarón, para poder llegar a conectar con nosotros mismos.

El esfuerzo soberano es la actitud y predisposición que nos impulsa hacia la libertad, es el paso que nos hace despertar hacia nuestra verdadera naturaleza, el esfuerzo que nos hace convertirnos en soberanos de nuestra vida.

Cuando vivimos desde nuestras motivaciones somos libres, y galopamos sobre un motor de movimiento inagotable, pero para llegar a esa libertad debemos superar la prueba de fuego, debemos convertirnos en guerreros capaces de confrontar nuestros temores. Digamos que el miedo es el gran dragón que custodia nuestra libertad, al cual tenemos que enfrentarnos para llegar a ser merecedores. Qué mejor arma contra ese dragón que la espada de la valentía, la cual nos susurra a cada instante: "Tú puedes tú puedes tú puedes". Solo aquel que es capaz de superar el miedo puede realmente gobernar su mundo interior y hacerse amo de sí mismo. Es como si la libertad estuviese reservada solamente para aquellos que demuestran ser valientes. Nadie puede ser valiente por nosotros ni superar nuestros miedos por nosotros.

Ese esfuerzo, el esfuerzo soberano, es por tanto un ingrediente esencial para llegar a ser libres. Pero ¿no habíamos dicho que el esfuerzo es algo enfermizo? No, el esfuerzo inerte sí que es algo enfermizo, y éste solo es sufrido por aquellos que han cedido ante el miedo.

Hay gente que prefiere vivir toda su vida como esclava antes que pasar por el doloroso proceso de enfrentarse a sus temores. Y es que ese paso conlleva un esfuerzo muy grande: qué doloroso es a veces afrontar ciertas inseguridades que llevan tanto tiempo con nosotros. ¿Realmente es necesario pasar por eso? ¿Realmente hace falta pasar por ese sufrimiento? Sí, rotundamente sí. Es necesario si queremos ser libres, y vale la pena el esfuerzo. Pero no nos lamentemos por la batalla que nos aguarda y démosle gracias. Qué mejor que una batalla para permitirle a un guerrero demostrar lo que es. El guerrero no se lamenta por tener que luchar, sino que siente orgullo por poder demostrar su valentía.

Existen situaciones en las que ya no caben los razonamientos, ni las meditaciones, ni las preguntas, esas situaciones en las que ya sabemos cuál es el camino y cuál es el dragón que nos espera. Sabemos en el fondo lo que queremos hacer pero cobardemente miramos hacia otro lado huyendo de nosotros mismos. En esas situaciones solo nos queda la acción, y necesitamos de nuestra valentía más que de cualquier otra cosa. Ese es el paso del guerrero: el guerrero no duda, no pregunta, no huye. Galopa hacia la batalla, y aunque sienta miedo no se detiene. Lo que le caracteriza no es su fuerza, ni su astucia, ni su capacidad para salir airoso de la guerra. El guerrero es guerrero porque no se achanta frente al peligro ni deja que el miedo le limite. Elijamos ser soberanos por encima del deber y la obligación, hagamos el acto heroico de descubrirle al mundo quiénes somos en realidad. Dioses, somos dioses, mas lo hemos olvidado.[3]

El papel del contexto en mi libertad

Se podría pensar: "Es muy bonito todo esto de vivir tus motivaciones, ser libre y ser valiente, pero ¿qué pasa con esa gente que se ve obligada a trabajar durante todo el día? ¿Qué pueden cambiar ellos en sus vidas?" Es decir ¿qué papel tiene el contexto en nuestra libertad y en nuestra capacidad para elegir la vida que queremos vivir? Una persona que vive en un contexto difícil ¿tiene capacidad para cambiar sus proyectos y su vida? ¿Es libre para vivir sus motivaciones? En cierto modo podemos decir que no. Hay situaciones en las que una persona no puede decidir sobre sus proyectos, y sería injusto responsabilizarla de la vida que lleva, pero por otro lado creo que las personas tenemos mucho más poder del que pensamos y del que normalmente ejercemos. Alguien que vive todo el día trabajando quizás no pueda cambiar sus horarios laborales ni el sueldo que recibe, pero sí que puede cambiar su sistema de

---

[3] Frase de Platón: "Dioses sois, mas lo habéis olvidado"

valores y la concepción que tiene de sí misma, y cambiar eso es mucho más importante y determinante de lo que creemos. Se trata de un empoderamiento interno.

Las cadenas más fuertes y que más nos subyugan no están fuera sino dentro de nosotros. Lo que realmente nos esclaviza es la concepción que tenemos de nosotros mismos y de la vida. Cambiar esa concepción depende absolutamente de nosotros, y no de nuestro puesto de trabajo ni del contexto externo en el que vivamos. Alguien que ama sus cadenas porque piensa que son buenas seguirá siendo esclavo aunque le abran la puerta de su celda. Solo puede acercarse a la libertad alguien que se ha atrevido a encaminarse hacia ella. Solo alguien que es libre por dentro puede aspirar a ser libre por fuera.

Es cierto que hay personas cuyo contexto les deja muy poco margen de maniobra, pero hay algo que siempre estará en nuestras manos: la opción de vernos como seres merecedores o no merecedores, como seres libres o como esclavos.

Mediar con el contexto

Cuando uno da valor a sus motivaciones y se enfoca en ellas es ya libre a un nivel interno, pero sin embargo a un nivel externo es necesario mediar con el contexto que nos rodea. ¿Cuánta gente no tiene que trabajar en algo que odia, con un compañero de trabajo que no le cae bien, etc? Cambiar este tipo de cosas no es fácil, y en ocasiones es prácticamente imposible. A veces tenemos que aprender a vivir en un contexto que no nos gusta y que no podemos cambiar. Sin embargo el modo como entendamos este contexto determinará mucho. Podemos afrontar esa realidad desde la culpabilidad, pensando que tenemos lo que nos merecemos y que debemos sufrir para purgar nuestros pecados; Podemos también afrontar nuestro contexto con indignación y rabia y buscando culpables: "Mi jefe es un cabrón"; Y podemos tomar otra postura que consiste en empezar a centrarnos en lo que sí nos gustaría y dejar de centrarnos en lo que no nos gusta. Se trata de empezar a proyectar lo que queremos construir, según la vida que nos gustaría vivir.

A la hora de mediar con el contexto quizás tengamos que modificar la idea preconcebida que teníamos de nuestro proyecto y ceder en ciertas cosas. Debemos de estar abiertos y tener flexibilidad en ese sentido: negociar con el contexto. Pero a lo que nunca debemos renunciar ni negociar es a nuestras motivaciones. Esa es nuestra piedra angular, nuestra brújula, la cual nunca debemos perder de vista ni intercambiar por nada.

X
La revolución

En este capítulo vamos a poner encima de la mesa la cuestión social y política que surge de nuestro planteamiento. ¿Qué sistema económico o de organización social respondería a las demandas de este nuevo modelo de praxis? ¿A qué modelo de praxis responde el sistema económico y político actual? ¿Debemos cambiar el sistema de organización social actual? ¿Cómo podríamos hacer esto? ¿Cómo podemos posicionarnos sanamente frente a él?

Surgen muchas preguntas. El objetivo en este capítulo no es dar respuesta y solución a todas estas interrogantes, sino más bien plantear cuestiones e invitar a la reflexión. Hay mucho escrito acerca de economía, antropología, sistemas de organización social, etc. No voy a profundizar en propuestas muy concretas ni en aspectos logísticos de organización y gestión de los recursos, sino que voy a centrarme en lo que para mí es más importante puesto que lo considero la raíz del problema: cómo nos relacionamos con la praxis, con la acción en el mundo.

La sociedad del Tripalium

Todo sistema de organización social, político y económico, tiene como base y fundamento una determinada concepción del ser humano y del mundo. Por ejemplo, es fácil ver que un sistema social y económico según el cual las mujeres trabajan dentro de casa y los hombres trabajan fuera es un sistema que esconde una determinada concepción del género y del ser humano en general. Y según esa concepción hay ciertas cosas que se consideran "naturales" y otras cosas que se consideran "no naturales". Se consideraría "natural", por ejemplo, que el hombre tenga la capacidad y el deber de ocuparse de ciertos asuntos de los cuales la mujer no tiene suficiente capacidad. Todo sistema de organización económico y político se apoya en un sistema de valores, y ese sistema de valores sobre el que se construyen todas las instituciones queda a veces oculto bajo un discurso que se presenta como "neutral". A veces ciertos principios morales que son exclusivos de una cultura concreta se presentan en esa cultura como principios morales innatos al ser humano. Eso hace difícil a los individuos que viven en esa cultura concreta el cuestionar dichos principios, puesto que ¿cómo va alguien a cuestionar algo que es "natural en el ser humano"? El sistema de valores que subyace a una sociedad se oculta bajo expresiones como las siguientes: "Es natural que...", "es lógico que...", "es de sentido común que...". Por ejemplo: "Es natural que la mujer se ocupe de los niños", "es natural que el fuerte gobierne al débil", "es natural sufrir para ganar el pan", etc.

La pregunta que ahora debemos hacernos es: ¿Qué sistema de valores subyace y da forma a nuestra sociedad? ¿Qué concepción del ser humano y del mundo se esconde bajo este sistema de organización social en el que vivimos?

El sistema social y económico en el que vivimos se centra en el trabajo. La gente pasa casi toda su vida con la atención puesta en él: conseguir un trabajo, mantener ese trabajo, obtener títulos para tener un mejor trabajo, etc. Uno de los criterios que más se usa en nuestra cultura para saber que un país se encuentra en buenas condiciones es el de que haya o no trabajo en ese país. "España va bien, hay trabajo". El trabajo determina lo que hacemos y lo que no hacemos, pero además determina cómo nos sentimos y qué valor nos damos a nosotros mismos. "No puedo trabajar, no soy útil para la sociedad, no valgo nada". El trabajo da forma a nuestros sistemas sociales, determina nuestra arquitectura e incluso nos determina a nivel emocional. Fijaos qué curioso: nuestra sociedad gira en torno a algo que en realidad odiamos.

La palabra trabajo viene del latín tripalium. Esta palabra se utilizaba para nombrar un objeto de tortura mediante el cual se amarraba a los esclavos para azotarles. Qué curioso ¿no? Nuestra concepción del trabajo está marcada por la tortura, ¿será por eso que sufrimos tanto cuando intentamos sacar adelante un proyecto? ¿Tendrá eso algo que ver con el hecho de que nuestra iniciativa propia esté tan bloqueada? En esta sociedad en la que vivimos, la praxis está marcada por el trauma del esfuerzo, del sufrimiento. Nuestra acción en el mundo, nuestra manera de crear, contribuir y obrar en la vida tiene lugar a través del concepto de trabajo, el cual tiene su origen en un instrumento de tortura. En el sistema social en el que vivimos se nos obliga a convertir nuestras capacidades, habilidades e inquietudes en un proyecto de trabajo, es decir en un proyecto de tortura. Es por eso que cuando alguien disfruta mucho con la labor que realiza nos mostramos reacios a pensar que eso sea un trabajo de verdad. Claro, si no sufres con tu trabajo éste deja de ser un instrumento de tortura, y por tanto deja de ser un tripalium.

Tanto nuestro sistema educativo como nuestro sistema político, económico, familiar, arquitectónico, etc, han sido desarrollados en base a una determinada forma de entender la praxis humana. Podemos decir que se trata de la praxis del tripalium. Detrás de esta concepción de la praxis, a partir de la cual se crean todos los sistemas sociales, se esconde por supuesto una determinada concepción del ser humano. La pregunta ahora es: ¿esa concepción del ser humano se adecúa a lo que realmente es el ser humano?

Existen formas de obrar y de actuar en el mundo que son diferentes de las que nos ofrece nuestra cultura del tripalium. Hay culturas que viven su praxis de una forma totalmente distinta a la nuestra, como es el caso por ejemplo de los aborígenes australianos. Estos consideran como una enfermedad el hecho de desconectar oficio y diversión, y piensan que lo natural es que una persona se dedique a hacer aquello que le entusiasma hacer. Podríamos comparar nuestro modelo de praxis basado en el esfuerzo y el tripalium con otros modelos de praxis de otras culturas como la que acabo de nombrar, sin embargo, y aunque eso sería útil, yo creo que la mejor herramienta que tenemos para evaluar nuestro modelo de praxis no es comparándolo con otros, sino que es a través de nuestra propia experiencia como mejor podemos hacerlo. Según nuestra experiencia ¿nos gusta nuestro modelo de praxis? ¿Nos sentimos identificados con ese modelo y pensamos que nos define en lo que somos?

A mi no me gusta el modelo de praxis del esfuerzo y el tripalium, me imagino que el lector ya se habrá dado cuenta. Nuestro sistema se estructura sobre una concepción del ser humano robótica: máquinas que memorizan, trabajan, no preguntan, no se quejan. Esa concepción del ser humano no me define, y por eso no estoy dispuesto a resignarme y a convertirme en algo que no soy. Yo pienso que el ser humano es movimiento constante de creación y recreación; un cúmulo de potencialidades que esperan ser desarrolladas.

Revolución contra qué

Muchas personas vivimos con la sensación de que este mundo está mal encaminado y que es necesario cambiarlo. Muchos estaríamos de acuerdo en afirmar que la humanidad camina en una dirección equivocada, sin embargo no todos estamos de acuerdo a la hora de señalar qué es lo que hay que cambiar y de qué manera. ¿Cuál es el error que hoy en día nos hace vivir una humanidad deshumanizada?

Hay quien piensa que el problema actual de la humanidad es que tenemos unos políticos perversos o incompetentes y que la solución es cambiarlos por otros bienintencionados y competentes. También hay quien piensa que es el capitalismo lo que origina el sufrimiento en el mundo, o que el problema es el hecho mismo de que haya políticos y de que haya un sistema institucional, y que por tanto la solución sería acabar con cualquier tipo de poder político e institucional. Esta última postura va asociada a la idea de que el poder corrompe a las personas y las convierte en seres malévolos. También hay quien piensa que el problema es el dinero, y que si éste no existiese la humanidad no estaría corrompida por la avaricia. Hay también mucha gente que piensa, y esto es muy común, que el mundo va mal porque hay un número determinado de personas que son malas. Desde esta postura la solución sería acabar con ese grupo de personas maliciosas quitándoles su poder y evitando que hagan sufrir al resto de la gente. También hay muchos que piensan que el ser humano en sí mismo es por naturaleza egoísta y perverso, y que por tanto el mundo en el que vivimos no es más que un reflejo fidedigno de la naturaleza humana tal cual es. "El hombre es un lobo para el hombre" diría Hobbes.

Todas estas explicaciones (y muchas más que no he nombrado) con respecto al origen del problema en la humanidad, han sido desarrolladas cada una por su cuenta por innumerables autores e investigaciones. Muchas de ellas han servido para justificar revoluciones, golpes de estado, etc. Todas ellas tienen algo que aportar a la hora de identificar qué es lo que falla en este mundo, sin embargo creo que ninguna acaba yendo a la raíz del problema. Es cierto que el capitalismo es el origen de mucho sufrimiento, es cierto que hay muchas personas que gobiernan este mundo que son muy responsables del dolor que vive la humanidad, etc. Pero también creo que todos esos problemas son en realidad consecuencias de otro gran problema que está en la raíz. El problema al que me refiero es el que vengo apuntando en este libro, y es el siguiente:

Las personas solo pueden ser felices si viven conectadas a sus motivaciones. Cuando a causa del miedo nos alejamos de ellas nos distanciamos de nosotros mismos, con lo cual nos hacemos infelices y perdemos el "sentido". Aquel que vive feliz contagia y hace felices a quienes hay a su alrededor; aquel que vive en el miedo contagia su miedo e infelicidad a los demás. La humanidad hoy día vive en el sufrimiento porque la mayoría de las personas viven desconectadas de sí mismas.

Este párrafo, desde mi punto de vista, explica por qué la humanidad vive hoy día deshumanizada. Hay personas que generan mucho sufrimiento, roban a los pobres, matan, provocan guerras por petróleo, etc. Esas personas, como ya he dicho, son responsables de muchos males, pero a la vez son igualmente víctimas de ese gran problema que se encuentra en la raíz de nuestra civilización. Ninguna persona que esté conectada con sus motivaciones elige hacer infelices a los demás, sino todo lo contrario. Recordemos que las motivaciones propias tienen todas su origen último en el amor. Toda motivación que vaya dirigida a provocar sufrimiento en los demás, como el odio, la avaricia etc, no son motivaciones propias, sino que son la consecuencia de vivir bloqueados.

En la medida en que un ser humano se conecta consigo mismo se encuentra más cerca de los demás. Conectar con nuestro fuego interno nos hace ser uno con los demás.

Con lo cual el problema que asola a la humanidad no tiene que ver con un grupo de personas malas ni con un sistema político o de organización social determinado, sino que hunde sus raíces en una forma errónea de entender la vida que nos hace vivir desconectados de nosotros mismos y de los demás, convirtiéndonos en máquinas deshumanizadas. Este problema no es propio de una clase social ni de ningún sector social determinado, sino que es algo muy generalizado y extendido. En ese sentido podemos decir que la situación de desconexión e infelicidad en la que pueda vivir cualquier persona con pocos recursos es la misma situación de desconexión e infelicidad en la que se encuentra una persona con muchos recursos, como el señor Rockefeller, por ejemplo.

Esta última afirmación puede chocar mucho a primera vista. Pensémoslo de la siguiente manera: que alguien tenga mucho dinero y mucho poder no le asegura que esté viviendo desde sus motivaciones propias, ni por tanto que esté viviendo en la felicidad. Intentar acumular dinero y poder institucional puede ser señal de vivir desconectado de sí mismo, sobre todo cuando se hace de una forma desmesurada, impulsiva, y agresiva. Vivir así conlleva ser infeliz y esclavo de tus miedos, de tal manera que puedo decir que este señor seguramente vive en la misma esclavitud e infelicidad en la que vivimos muchos de nosotros.

Diciendo esto no quiero defender ni suavizar las barbaridades que ha hecho este hombre ni demás personas como él. Que la gente como él no sean la raíz del problema no les exime de su responsabilidad. Mi objetivo señalando todo esto es localizar de forma exacta cuál es el origen del problema que ahora vive la humanidad. El problema, visto así, no se solucionaría metiendo en la cárcel al señor Rockefeller ni a toda la élite de poder que provoque miseria. El problema está dentro de cada uno de nosotros en la medida en que cedemos ante el miedo y nos alejamos de nuestras motivaciones propias. Es en ese momento en el que nos convertimos en máquinas que poco a poco van perdiendo su capacidad de sentir humanamente, poco a poco vamos convirtiéndonos en pequeños Rockefellers. El problema es entonces una forma de enfocar la vida que nos deshumaniza, y la solución es reconectarnos con nosotros mismos para volver a ser humanos.

La revolución que tenemos por delante no es en las trincheras ni en las calles, sino dentro de nosotros mismos. En la medida en que cada uno de nosotros seamos capaces de liberarnos empezaremos a ser humanos. Después, guiados y movilizados por nuestro motor natural de movimiento haremos en el mundo una verdadera revolución social.

Intentar cambiar el mundo o hacer una revolución sin saber exactamente cuál es tu enemigo y dónde se origina el problema puede ser contraproducente. Uno puede definirse a sí mismo como antisistema, pero debe poder responder a la pregunta de ¿qué es el sistema? Llamamos "sistema" a un cúmulo de cosas que no nos gustan: los políticos, el dinero, etc. Pero si cambiásemos o quitásemos a los políticos que hay, y acabásemos con el dinero y con el modelo de organización social, etc, el problema no se acabaría. Ocurre, como en la novela "Rebelión en la granja", que si haces una revolución pero no vas al origen del problema acabas repitiendo el mismo error una y otra vez. Nuestro enemigo no es la política, nuestro enemigo no es el dinero, nuestro enemigo no es la educación, nuestro enemigo no es la humanidad. Nuestro enemigo es más bien una forma concreta de vivir la política, de vivir el dinero, de vivir la educación, de vivir al ser humano.

Aquello por lo que debemos luchar no está fuera, sino dentro de nosotros, y es lo que auténticamente somos. Descubrirle al mundo quiénes somos en realidad, esa es la verdadera revolución. El mundo que queremos crear es para aquellos que se atrevan a ser lo que realmente son. Como dijo Buenaventura Durruti:

"Llevamos un mundo nuevo en nuestros corazones, y ese mundo está creciendo en este instante"

Cambiar el mundo

Cuando normalmente hablamos de cambiar o de mejorar el mundo lo hacemos bajo una perspectiva que en mi opinión es contraproducente. Hablamos de ayudar al mundo y de ayudar a los demás en base a principios como la caridad o el deber moral de servir, etc. Nos apoyamos en sentimientos tales como la culpa y el sacrificio: "Es un deber y una obligación ayudar". Todo ello son valores que lastramos de un rancio cristianismo católico. Sentimos que si no ayudamos a los demás somos malas personas y que nos merecemos sentirnos culpables y desdichados. Es curioso que esta actitud de "deber" para con el mundo la tengan personas que se autodefinen como totalmente ateos. Se trata de una actitud que nos convierte en servidores, se nos dice: "Preocúpate y sufre por los demás porque si te preocupas por ti mismo serás un egoísta".

Esta es una forma insana de ayudar a los demás y en general de actuar en el mundo. Desde esa perspectiva se concibe al ser humano como un ser perverso por naturaleza, que debe obligarse a sí mismo a ser bueno con los demás para no caer en el salvajismo. Se parte por tanto de una desconfianza hacia la humanidad, como vimos en el capítulo dos. Se presupone que somos malos por naturaleza y que debemos de luchar contra nuestros impulsos para convertirnos en sujetos éticamente correctos. El hombre carga con el pecado original y su vida debe ser un valle de lágrimas. Gran error, no podemos crear un mundo mejor si partimos de esta concepción de la vida y del ser humano. La vida no es un deber, no es sano afrontar el mundo como un cúmulo de obligaciones y de mandamientos. Nacemos para ser felices y no para sufrir, somos seres creadores con mucho que aportar al mundo, a los demás y a nosotros mismos.

¿Y si en vez de plantearnos la revolución como un deber nos la planteamos como un disfrute? Yo no quiero cambiar el mundo porque odie lo que hay sino porque me ilusiona lo que vendrá, yo quiero hacer la revolución porque me siento motivado a ello, porque disfruto viendo felices a los demás. Quiero participar en movimientos de cambio que se muevan desde la ilusión y el entusiasmo. No quiero ayudar a los demás por obligación sino porque disfruto con ello.

La manera en que cambiemos el mundo determinará el mundo que crearemos. Construyamos desde el entusiasmo y nada podrá pararnos. Dejemos de hablar tanto de lo que se "debe" cambiar y empecemos a disfrutar con aquello que queremos construir. Ocuparnos y vivir desde nuestras motivaciones no nos convierte en egoístas, sino todo lo contrario: nos conecta realmente con la vida y con los demás seres humanos. Intentar ayudar desde la caridad, la culpa y la obligación, es absurdo. La palabra servidumbre viene de "siervo" (esclavo). La verdadera ayuda que podemos ofrecer a los demás no es la que nos hace siervos, sino la que nos hace libres. Esa es la auténtica ayuda, la que de verdad tiene efecto, la que nace de uno mismo. Mi libertad empieza donde empieza la libertad del otro.

Si alguien me habla de deber moral para con las demás personas le responderé "Dios ha muerto, no hay deberes morales". Si alguien me pregunta por qué quiero mejorar el mundo le responderé que me siento impulsado a ello por un motor de movimiento al cual podemos llamar "amor universal" o bien podemos llamar "Dios".

Nuestro proyecto, la comun-unidad

Si queremos crear una sociedad en la que nos sintamos verdaderamente libres debemos construir un sistema en el que se les dé cabida y valor a las motivaciones propias de las personas que conforman dicha sociedad, de tal manera que éstas puedan desarrollarse libremente. Para ello es necesario que ese sistema social se convierta en un proyecto común, un proyecto en el que todo el mundo se sienta invitado a participar desde su libertad. En la medida en que las personas lo consideren como "su" proyecto y se sientan reconocidas en él, empezarán a implicarse, a sentirse motivadas, y éste empezará a cobrar sentido para ellos. De esa manera lo cuidarán como algo que les es propio, y no desde el deber y la obligación.

Cuando la gente en la sociedad en que vivimos rompe y maltrata los espacios públicos lo hace porque no se siente parte de ese proyecto común. Por lo general no nos sentimos parte de este proyecto de Estado, de país, de comunidad. Participamos en él desde la obligación y el esfuerzo. Vivimos en un sistema que no conforma una verdadera comunidad, sino un montón de individuos aislados y domesticados. Se nos vende que sin obediencia ni sentido del deber no puede funcionar este gran proyecto de sociedad.

Pero realmente cuando la gente considera suyo un proyecto, y se siente parte de él, lo cuida sin necesidad de ser obligada a ello. ¿Por qué en la actualidad no sentimos este gran proyecto de sociedad como nuestro? ¿Por qué no nos motiva?

Porque éste se desarrolla sin tenernos en cuenta, de espaldas a nosotros y a nuestras motivaciones. No se nos pregunta ni se nos escucha a la hora de tomar decisiones que nos afectan a todos, como ocurre por ejemplo con los planes urbanísticos, los planes educativos, etc.

Mucha gente piensa que la solución ante el incumplimiento de normas es la mano dura. Esa solución es la misma que la de recurrir al esfuerzo inerte cuando nos sentimos desmotivados. Se trata de forzar a las personas, obligarlas a ser lo que "deben" ser. Esta no es la solución. La solución real es conseguir que todas las personas se sientan parte de nuestro sistema social, que todas quieran participar, construir y cuidar lo creado. Necesitamos crear un sistema social que se convierta en tierra abonada y fértil para las motivaciones reales de la gente. Y para crear esa tierra hay al menos un ingrediente que es necesario: la confianza en la vida y en el ser humano.

La idea es crear comunidad. Hoy día vemos a muchas personas en los mismos espacios, pero no vemos realmente una comunidad. La palabra "comunidad" podemos pensarla como un concepto que refleja la idea de una "común-unidad". Una comunidad es un gran proyecto en el que la riqueza individual de cada uno se conecta con la de los demás formando una creación más grande que la suma de las partes. Un sistema social puede anular o cohibir a las personas que están en él, o bien puede ayudar y permitir que esas personas se desarrollen y saquen lo mejor de sí. A la hora de hacer una revolución el verdadero reto no es el de luchar contra la explotación y contra los explotadores, ni tampoco el de crear un sistema económico de reparto equitativo. Bien es cierto que estas cosas pueden ser necesarias, pero el verdadero reto es el de crear una comunidad. Conseguir que las personas se sientan parte de esa comunidad, la sientan como su proyecto y puedan decir: "Me gusta este proyecto porque me permite ser quien soy", "cuido este proyecto porque me permite desarrollarme en lo que soy".

La revolución sutil

Podemos ver que la revolución no depende de cambiar las macroestructuras del sistema, sino nuestro modo de estar en el mundo y de entender la vida. De esa manera el cambio al que aspiramos se convierte en algo muy sutil. De hecho puede parecer algo muy sencillo, pero la historia nos ha demostrado que no lo es tanto. Y es que las personas preferimos muchas veces agredir a los demás, bombardear un país e incluso morirnos de hambre antes que enfrentarnos a nuestros miedos y empezar a ser libres. Ese cambio que parece tan sencillo no lo es para la mayoría de la gente.

Nuestra sociedad está llena de instituciones y entidades que no tienen por qué ser perjudiciales en sí mismas, pero que se convierten en perjudiciales si las personas que hay en ellas actúan desde la desconexión de sí mismas. Un edificio no es ni bueno ni malo, es simplemente un edificio, una herramienta. Lo que se haga dentro de ese edificio, y para lo que se utilice, es lo que determinará lo perjudicial o beneficioso que resulte para la sociedad. Pensemos por ejemplo en el concepto de "empresa". A mucha gente, por lo menos de mi generación, esa palabra nos suena a negocios, especulación, avaricia, mafia. Para mucha gente, el cambio social que debemos hacer deja fuera este tipo de entidades, pero si lo pensamos bien, una empresa en sí misma no es más que un proyecto. Estamos muy acostumbrados a que los proyectos, sobre todo los proyectos en los que se mueve dinero, sean diseñados de una forma insalubre y rancia. Asociamos negocio a engaño, ansias de dinero, deshumanización, etc. Sin embargo podemos encontrarnos empresas que en nada pecan de deshumanización, sino todo lo contrario. Si una persona diseña una empresa desde sus motivaciones propias puede llegar a construir algo maravilloso. Una empresa puede servir para ayudar a las personas, para disfrutar y en general para embellecer el mundo. Es el modo como se diseña y como se vive esa empresa lo que la convierte en algo maravilloso o bien en algo indeseable. Para que se creen buenas empresas no basta con proponer un modelo distinto de gestión, sino que también es necesario conseguir que las aspiraciones de los empresarios estén ligadas con sus motivaciones reales.

Con este ejemplo de la empresa a lo que quiero referirme es a lo siguiente: nuestra revolución consiste simplemente en cambiar nuestro modo de ver la vida. Por eso es una revolución sutil, porque no hace falta destruir ni cambiar grandes macroestructuras, sino que todas esas cosas irán transformándose como consecuencia.

No estaría dispuesto a intentar cambiar el mundo si no confiase en el pueblo, en mi pueblo, que es la humanidad. Elijo confiar en mí mismo y en los demás, elijo contribuir a una revolución que ya se está dando y elijo hacerlo de la mejor forma que sé: disfrutando. En mi caso explicando minuciosamente mis pensamientos y análisis. Pongo mi capacidad de análisis y profundización al servicio de quien quiera beneficiarse de ella. Por lo pronto en lo que a este libro respecta me conformo con que haya servido para hacernos cuestionar nuestro modelo de vida en ciertos aspectos. Este libro es para mí como una piedra que lanzo al mar, no sé qué efecto tendrá ni dónde acabará, pero quiero confiar. ¿Soy yo alguien para cambiar el mundo? Como dijo mi tío Pepe:

"Claro, tu no vas a cambiar el mundo, pero a lo mejor sí"

www.ingramcontent.com/pod-product-compliance
Lightning Source LLC
Chambersburg PA
CBHW022115040426
42450CB00006B/710